VOLVEOS A MÍ

*Un llamado urgente
de parte de Dios*

MIGUEL NÚÑEZ

VOLVEOS A MÍ

*Un llamado urgente
de parte de Dios*

MIGUEL NÚÑEZ

Vida

La misión de Editorial Vida es ser la compañía líder en satisfacer las necesidades de las personas con recursos cuyo contenido glorifique al Señor Jesucristo y promueva principios bíblicos.

VOLVEOS A MÍ
Publicado por Editorial Vida – 2024
Nashville, Tennessee

Edición y diseño interior: *Interpret the Spirit*

ISBN: 978-0-84992-084-4
eBook: 978-0-84991-942-8
Audio: 978-0-84991-943-5

La información sobre la clasificación en la Biblioteca del Congreso está disponible previa solicitud.

CATEGORÍA: Religión / Vida Cristiana / Crecimiento espiritual

IMPRESO EN ESTADOS UNIDOS DE AMÉRICA
PRINTED IN THE UNITED STATES OF AMERICA

23 24 25 26 27 LBC 5 4 3 2 1

Contenido

Introducción

EL ECLIPSE DE DIOS

Para nadie es un secreto que estamos viviendo tiempos de gran oscuridad y confusión. En nuestros días, no importa hacia dónde miremos o qué área del globo analicemos, siempre nos encontramos con un panorama de:

- descomposición social,
- degradación moral y
- desvaloración del ideal que Dios soñó para el ser humano.

El impacto de estas condiciones ha sido sentido no solo a nivel de la sociedad en general, sino también dentro de la iglesia. El grupo de investigación Barna realizó un estudio en 2014 y determinó que unas 3.500 personas abandonan la iglesia cada día en los Estados Unidos para un promedio de 1,2 millones de personas cada año. Esa estadística por sí sola es asombrosa. Al mismo tiempo, tenemos que admitir que, en Occidente, la iglesia de Cristo no solo ha disminuido en tamaño, sino también en relevancia. Muchos consideran a la iglesia obsoleta o irrelevante. Para una gran mayoría de la sociedad, la iglesia no es la institución en la que depositarían su confianza para un mejor futuro.

Las razones por las cuales las personas han abandonado y siguen abandonando la iglesia son varias, según la información recibida: pereza, apatía, otras prioridades, tensiones en las relaciones dentro de la iglesia y la falta de respuestas a preguntas fundamentales.

Se mencionaron otras razones de más peso como: género/sexualidad, asuntos raciales, visión política, heridas "causadas por la iglesia" y abusos.[1] En mi opinión, en lugar de ser razones para abandonar la Iglesia, creo que muchas de estas condiciones y tensiones dentro de la Iglesia son el resultado del alejamiento de Dios que ha estado experimentando la población.

Algunos piensan que la pandemia del COVID-19 terminó afectando a la iglesia de Cristo. Pero es posible que la pandemia tan solo haya revelado lo que ya había dentro de la iglesia. No imagino que las restricciones de la pandemia pudieran ser más gravosas que la cruel persecución de los cristianos en los primeros siglos y las severas restricciones legales bajo las cuales nació, creció y se expandió la iglesia.

Como dijo en una ocasión el Dr. John Piper, estamos experimentando una hambruna de la gloria de Dios en nuestros días. Creo que ciertamente es así, pero como consecuencia de una hambruna del conocimiento de Dios.

En una ocasión, en 2016, tuve la oportunidad de entrevistar a uno de nuestros teólogos contemporáneos, el Dr. R. C. Sproul, unos meses antes de su muerte (1939-2017), y le pregunté cuál era, en su opinión, el mayor problema de las personas incrédulas y, sin pestañar, me dijo: "Que no conocen a Dios". ¡Lógico! Inmediatamente después, agregó que el mayor problema del creyente es él mismo: que él o ella no conoce a Dios. Y agregó que muchas veces el creyente conoce mucho acerca de Dios, pero carece de un conocimiento íntimo de Su carácter. Me pareció interesante que Piper y Sproul coincidieran en el mismo análisis; pero desde diferentes ángulos.

El alejamiento de Dios

Para continuar en esa dirección, quiero referirme a un texto escrito por el profeta Oseas, el profeta que contrajo matrimonio con Gomer, la prostituta, para tipificar la infidelidad de Israel hacia Dios. Oseas tuvo

---

[1] Pódcast *As in Heaven*, tercera temporada, *Who Are the Dechurched in America and Why Did They Leave?* con Jim Davis, Michael Graham y Ryan Burge (The Gospel Coalition, mayo 10, 2023). Disponible en línea en: https://www.thegospelcoalition.org/podcasts/as-in-heaven/dechurched-america-why-leave/.

que predicar en uno de los peores períodos del reino del Norte. Su ministerio profético se extendió por unos cincuenta años en un momento en que Israel estaba muy bien económicamente, pero en bancarrota espiritual. En ese contexto, Dios habla a través del profeta y le hace saber a la nación que su bonanza económica no representaba una bendición de Su parte y que su muerte espiritual se estaba dando por falta de conocimiento... del conocimiento del Dios de lo alto.

Israel se había olvidado de Dios; había olvidado Su ley y, como consecuencia, Dios decide "olvidarse" de Israel como leeremos en el texto de Oseas. Como resultado, toda la nación estaba cosechando los frutos de no caminar con Dios, y así es como Dios mismo describe la condición de Israel en aquel momento en Oseas 4:

> "Escuchen la palabra del SEÑOR, israelitas, porque el SEÑOR tiene querella contra los habitantes de la tierra...". (v. 1a)

La Nueva Versión Internacional dice: "... el SEÑOR entabla un pleito contra los habitantes del país". Mientras que la Nueva Traducción Viviente dice: "El SEÑOR ha presentado cargos en tu contra".

Y estos son los cargos:

> "... Pues no hay fidelidad, ni misericordia, ni conocimiento de Dios en la tierra. Solo hay falso juramento, mentira, asesinato, robo y adulterio. Emplean la violencia, y homicidios tras homicidios se suceden. Por eso la tierra está de luto, y desfallece todo morador en ella junto con las bestias del campo y las aves del cielo; aun los peces del mar desaparecen". (vv. 1b-3)

Y esta es la consecuencia:

> "Mi pueblo es destruido por falta de conocimiento. Por cuanto tú has rechazado el conocimiento, Yo también te rechazaré para que no seas Mi sacerdote. Como has olvidado la ley de tu Dios, Yo también me olvidaré de tus hijos". (v. 6)

Prácticamente todo el texto es de suma importancia. Pero quiero llamar la atención sobre dos frases que aparecen en el versículo 6:

- "Mi pueblo es destruido por falta de conocimiento" (v. 6a).
- "Como has olvidado la ley de tu Dios, Yo también me olvidaré de tus hijos" (v. 6b).

La nación entera estaba pagando las consecuencias de haberse apartado de Dios; por lo tanto, Dios tenía una queja contra ella. Israel había olvidado de la ley de su Dios; la ley que reflejaba y refleja Su carácter moral. Al darle la espalda a la persona más importante del universo, Dios, en un intento por hacer que el pueblo regrese a Él, les advirtió que como consecuencia, olvidaría a sus hijos, quienes son las personas más importantes para cualquier padre.

No podemos olvidar que nadie peca en privado. El pecado de uno nos afecta a todos. En aquel momento, la nación estaba viviendo lo que podríamos llamar un "eclipse de Dios". Por esta razón, Israel había perdido su capacidad de representar a Dios como nación sacerdotal ante las demás naciones. De ahí la expresión "te rechazaré como sacerdote" que aparece en el texto que citamos arriba.

Dios no se dirigía solo a los sacerdotes, sino a la totalidad de la nación: a todo Israel, escogida como una nación sacerdotal, para representar a Dios ante las demás naciones. Cuando Dios escogió a la nación de Israel, les dio un privilegio muy especial y les dijo: "'Ustedes serán para Mí un reino de sacerdotes y una nación santa'. Estas son las palabras que dirás a los israelitas" (Éx 19:6). Ese fue precisamente el privilegio que Israel perdió: el privilegio de representar a Dios. Al ignorar la ley divina, que para Dios es crucial porque refleja Su esencia, decidió a su vez olvidar lo que para ellos era más importante: sus hijos. Se trata de una forma de advertirles que desatendería a la próxima generación, la cual heredaría los malos frutos de la generación anterior. Que esto nos sirva de lección, recordando las palabras de Pablo en 1 de Corintios 10:11: "Estas cosas les sucedieron como ejemplo, y fueron escritas como enseñanza para nosotros, para quienes ha llegado el fin de los siglos".

Hoy, la iglesia atraviesa una de sus peores crisis en Occidente, como consecuencia de un "eclipse de Dios". Cuando Dios se eclipsa, la familia paga el precio; después tanto la iglesia como la nación, donde residen esas familias, sufren las consecuencias.

En los días de Oseas, el reino del Norte estaba a punto de ser llevado al exilio por el reino de Asiria. La descomposición social y moral era fruto de un liderazgo que había enseñado al pueblo a venerar ídolos representativos de dioses paganos. Los líderes del pueblo y los sacerdotes se habían descarriado en primer lugar y luego arrastraron al pueblo con ellos. Por tanto:

- La ley de Dios no era enseñada.
- El Dador de la ley no era conocido.
- Y la nación entera se había apartado.

La ausencia de la presencia manifiesta de Dios explica la condición de desorden, irrespeto, inmoralidad y falta de valoración de la vida en una sociedad. Cuando hablo de la "presencia manifiesta de Dios", no me refiero a la presencia de señales sobrenaturales en medio de la iglesia o de la nación. Aludo, más bien, a lo que leemos en los primeros capítulos del libro de los Hechos, donde observamos que la iglesia crecía y se expandía; que la iglesia era de un solo sentir y corazón; y donde había unidad entre los hermanos. Había entusiasmo por la Palabra: Jerusalén se llenó de la enseñanza de los apóstoles (Hch 5:28). Samaria se llenó de regocijo con la predicación de Felipe (Hch 8:8). Y los habitantes de la ciudad de Éfeso comenzaron a abandonar sus prácticas ocultas (Hch 19:18-20). Todo lo anterior tiene una sola explicación: la presencia manifiesta de Dios. En contraste, vemos que en la época del profeta Oseas el pueblo de Dios estaba siendo destruido por la falta de conocimiento de ese mismo Dios.

Se dice que Martyn Lloyd-Jones estaba convencido de que "todos los males de la iglesia y de las naciones hoy se deben a una desviación de la Palabra de Dios".[2] Todos los problemas a los que nos enfrentamos

---

[2] Martyn Lloyd-Jones, *The Christian Soldier: An Exposition of Ephesians 6:10-20* (Grand Rapids, MI: Baker Book House, 1977), p. 210.

o que percibimos a nuestro alrededor representan, de alguna manera, un alejamiento de Dios y, por ende, de Su verdad.

El eclipse de Dios

Por unos diez siglos, antes de la época de la Reforma, la proclamación de la Palabra de Dios había caído en desuso y, como consecuencia, la sociedad experimentó una gran oscuridad. La oscuridad permaneció hasta que Dios, en Su soberanía, encendió un faro de luz en la ciudad de Wittenberg, que iluminaría no solo a toda Europa, sino incluso más allá. Allí nació la "Reforma de Lutero". El movimiento Reformado (y reformador) no fue sino el actuar de la mano de Dios, que levantó a Martin Lutero, entre otros, para que la revelación de Dios, que había sido olvidada, fuera proclamada nuevamente hasta que se disiparan las tinieblas. Y así sucedió. Europa experimentó primero un despertar y, luego, una reforma de una magnitud que nuestro continente latinoamericano aún no ha presenciado. Tan evidente fue la transformación que los reformadores acuñaron la frase *Post Tenabras Lux* (Después de las tinieblas, luz) para referirse a que, tras tanto tiempo en la oscuridad, la luz había vuelto a brillar en el corazón de Europa con la predicación de la Palabra.

Con esto en mente, los historiadores de la iglesia han destacado que cuando la Palabra de Dios fue rescatada del olvido en el siglo XVI, gran parte de Europa fue iluminada. Menciono todo esto porque creo que en nuestra generación ha comenzado a surgir un fenómeno similar. Durante unos doscientos años, la cultura occidental estuvo profundamente influenciada por los valores cristianos, antes de que surgieran las ideas humanistas y anticristianas del Siglo de las Luces. Lamentablemente, las cosas han venido cambiando desde entonces. El tiempo no me permite detallar cómo sucedió y por eso me concentraré en los eventos más recientes.

El comienzo del descalabro

En las últimas décadas, hemos observado cómo la iglesia evangélica en Occidente ha ido perdiendo terreno frente al avance de la secularización social. El cambio ha sido tan acelerado que muchas personas continuamente repiten la frase: "¡Cómo han cambiado las cosas de la noche a la mañana!". Y así fue.

1960: Tras esta década, que marcó el inicio de lo que se llamó la revolución sexual, muchos dijeron: "¡Cómo han cambiado las cosas de la noche a la mañana!". Y así fue. Los efectos no se hicieron esperar porque, como ha sido dicho, las ideas tienen consecuencias.

1989: Con la caída del Muro de Berlín, la geopolítica europea experimentó transformaciones significativas que trascendieron más allá de sus fronteras. Y en ese entonces, muchos volvieron a decir: "¡Cómo han cambiado las cosas de la noche a la mañana!". Y así fue.

2001: Con la caída de las Torres Gemelas en Nueva York a consecuencia de los atentados terroristas, el mundo sufrió un gran choque y quedó inmediatamente asombrado con los nuevos controles de seguridad que entraron en vigor. Por lo tanto, era lógico que se repitiera la frase: "¡Cómo han cambiado las cosas de la noche a la mañana!". Y así fue.

2019-2020: Comienza la pandemia del COVID-19 y momentáneamente el mundo parece haberse detenido, con cierres de aeropuertos y fronteras, el uso obligatorio de mascarillas y la implementación de vacunas. Y una vez más escuchamos y leímos la frase: "¡Cómo han cambiado las cosas de la noche a la mañana!". Y así fue.

La realidad es que los cambios a escala europea y, eventualmente, estadounidense comenzaron a partir de la Era de la Ilustración, conocida en inglés como *The Age of Reason*. Durante ese período, se popularizó la idea de que, entre quienes seguían creyendo en un dios, este ser supremo había creado el mundo y después se había distanciado de él, permitiéndole funcionar de acuerdo con las leyes de la naturaleza. Estos nuevos pensadores fueron conocidos como *deístas*, para diferenciarlos de aquellos que tradicionalmente habían creído en el Dios Trino revelado en la Biblia y que eran conocidos como *teístas*.

Ciertamente, después de cada uno de esos eventos, el mundo nunca volvió a ser el mismo, ni volverá a serlo. Cada cambio experimentado se fundamentó en los cambios dejados por corrientes de pensamiento y experiencias previas. De ahí que hoy abundan las preguntas, la confusión y la preocupación, y muchas veces incluso el desacierto y la desesperación.

Numerosos estudiosos opinan que la década de 1960 fue un punto de inflexión para la civilización. Esta década se caracterizó por un espíritu de rebeldía y una liberalidad sexual sin precedentes en el mundo occidental. Una de las frases más populares en ese momento era "cuestiona la autoridad". Aunque sencilla en apariencia, pero compleja por las repercusiones que trajo. Tal cuestionamiento se ha extendido a todos los ámbitos de la sociedad. El espíritu de rebelión sembrado en el Jardín del Edén ha sido atizado en las últimas décadas. En los últimos veinte años hemos sido verdaderamente testigos de una revolución de valores de dimensiones globales que nadie podría haber anticipado.

Después de que la Palabra de Dios iluminara y transformara a Occidente, hoy esa luz se ha ido apagando hasta el punto de cambiar las leyes para que la luz de Dios no resplandezca. Peor aún, muchos se enorgullecen de vivir en la oscuridad, pensando que en la oscuridad tienen la oportunidad de vivir con mayor libertad. Sin embargo, no podemos olvidar la historia y el hecho de que, desde la caída de Adán y Eva hasta nuestros días, hemos visto cómo eso que el hombre llama libertad es precisamente lo que le ha llevado a la esclavitud.

Durante mucho tiempo, la iglesia fue considerada la institución redentora o la entidad en la que la sociedad occidental confiaba para un mejor mañana. Lamentablemente, algunos sectores de la iglesia no dieron el mejor ejemplo y el mundo, en vez de alejarse de los malos ejemplos, se alejó de Dios.

Con el movimiento de la Ilustración (siglos XXVII-XXVIII), la sociedad empezó a confiar cada vez más en la educación y muchos depositaron su confianza en la universidad, que pasó a ser la institución redentora, entendiendo que si algo nos iba a ayudar en el futuro sería la educación. Cuando la educación no resolvió nuestros problemas, las personas comenzaron a confiar en los gobiernos hasta percatarse de que tampoco podían solucionar nuestros problemas. Es por eso que hoy la sociedad carece de esperanza en medio de la oscuridad en la que nos encontramos. Y esa oscuridad se debe a que la sociedad ha empezado a vivir en medio de un eclipse de Dios, como lo mencionó R. C. Sproul en más de una ocasión. Poco a poco, pero recientemente de forma acelerada, la luz se ha ido apagando hasta prácticamente extinguirse.

Las condiciones sociales de nuestros días no son un simple acciden-te; más bien reflejan el rechazo del diseño de Dios para el florecimiento de la civilización. Hoy podríamos decir, como en tiempos de Oseas, que "el Señor tiene querella contra los habitantes de la tierra, pues no hay fidelidad, ni misericordia, ni conocimiento de Dios en la tierra" (Os 4:1). Nuestros días son oscuros y esta oscuridad ha comenzado a afectar a la iglesia por una razón muy sencilla: nunca ha habido un momento en la historia de la humanidad en el que las condiciones de la sociedad no se hayan infiltrado en la iglesia en mayor o menor grado.

Dios ha ido desapareciendo de la mente y de la conciencia de mu-chos de los habitantes de diversas naciones. Se le considera inexisten-te o, al menos, irrelevante para la vida del hombre moderno. Un gran número de personas no cree que llegará el día en que tendremos que rendir cuentas ante el Juez del universo, y de ahí el deterioro que se observa en todos los ámbitos. Las ideas adoptadas por muchos parecen tan ilógicas que daría la impresión que ha llegado el tiempo descrito en 2 Tesalonicenses 2:11-12:

> "Por esto Dios les enviará un poder engañoso, para que crean en la mentira, a fin de que sean juzgados todos los que no creyeron en la verdad sino que se complacieron en la iniquidad".

Como dijo alguien en el pasado, el problema de esta generación no es que ha perdido la fe, sino que ha perdido la razón. Cuando Dios se aparta del hombre, la razón del hombre se marcha con Dios. Malcom Muggeridge, lo dijo de otra manera:

> "La causa fundamental de nuestro problema es que hemos perdido nuestro sentido de un orden moral en el universo, sin el cual no se puede lograr ningún orden en absoluto: económico, social, po-lítico. Para los cristianos, por supuesto, este orden moral se deriva de ese momento terrible cuando, como está tan espléndidamen-te expresado en la Sabiduría de Salomón —uno de los libros apó-crifos—, '...mientras todas las cosas estaban en un silencio sereno, y aquella noche estaba en medio de su rápido curso, Tu Palabra

todopoderosa salió del cielo desde Tu Trono Real'. Descendió para habitar entre nosotros lleno de gracia y de verdad. Así fue como nació nuestra Civilización Occidental; no se deriva del 'El Origen de las Especies' de Darwin, ni del 'Manifiesto Comunista', ni siquiera de 'La Declaración de Independencia de los Estados Unidos', sino del gran drama de la Encarnación, tal como se relata en el Nuevo Testamento. Abandonar o repudiar finalmente esta Palabra todopoderosa sería sin duda acabar inexorablemente con dos mil años de historia y nosotros mismos con ella".[3]

La falta de la luz de Dios y la consecuente pérdida de la razón no le permiten al hombre de hoy ver las consecuencias que estamos viviendo en medio de un eclipse de Dios, metafóricamente hablando.

Entendiendo el eclipse

La palabra "eclipse" proviene de un verbo griego, *ekleipô*, que significa "desaparecer, abandonar". Cuando ocurre un eclipse total de sol, este desaparece de nuestra vista porque la Luna se ha interpuesto entre el Sol y la Tierra. Este fenómeno produce una zona conocida como "penumbra" y otra conocida como "umbra" sobre el planeta Tierra. La umbra es la parte más oscura donde se produce el eclipse total, y la penumbra es el resto, es decir, el eclipse parcial o la sombra.[4]

Los no conversos hoy viven en la "umbra" del eclipse, la parte más oscura; pero gran parte de la iglesia de Dios está en la "penumbra"; como en la sombra de la luz de Dios. Al igual que la Luna, que es más pequeña que el Sol, el hombre es más pequeño que Dios y, aun así, "ha logrado eclipsarlo", aunque Dios no ha cambiado en lo más mínimo, así

---

[3] Malcolm Muggeridge, *The True Crisis of Our Time*, transcripción de uno de sus mensajes, disponible en línea en: https://www.smbtv.org/muggeridge-true-crisis.

[4] "Los eclipses solares totales son un feliz accidente de la naturaleza. El diámetro de 864 000 millas del Sol es 400 veces mayor que el de nuestra insignificante Luna, que mide aproximadamente 2160 millas. Pero la Luna también está unas 400 veces más cerca de la Tierra que el Sol (la proporción varía, ya que ambas órbitas son elípticas) y, como resultado, cuando los planos orbitales se cruzan y las distancias se alinean favorablemente, la Luna nueva puede parecer borrar completamente el disco del Sol. En promedio, un eclipse total ocurre en algún lugar de la Tierra aproximadamente cada 18 meses". Publicado en: https://www.space.com/15584-solar-eclipses.html.

como el Sol no cambia durante un eclipse solar. La gran pregunta es: ¿cómo ha logrado el hombre eclipsar a Dios?

Quiero proponer que, a pesar de que Dios es infinito, trascendente y omnipresente en sentido real, aun así, el ser humano, con todas sus limitaciones, ha logrado eclipsar a Dios en sentido metafórico. Creo que hay tres factores fundamentales para explicar este eclipse.

1. El hombre se ha alejado de Dios.

La distancia hace que la realidad observada parezca mucho más pequeña ante nuestros ojos. Por eso la Luna logra eclipsar al Sol: a pesar de ser 400 veces más pequeña, también se encuentra a una distancia casi 400 veces más cercana a la Tierra que el Sol. Esa es la verdadera explicación de un eclipse solar causado por un astro mucho más pequeño.

El hombre se ha distanciado de Dios y, por tanto, ve o concibe a Dios de un tamaño más pequeño. Si acerca el dedo pulgar a su ojo y mira un objeto a lo lejos, como un árbol o incluso una montaña, podrá ocultarlo por completo. El objeto distante queda oculto por un pequeño dedo pulgar. De manera similar, cuando el hombre se aleja de Dios, lo hace parecer más pequeño en su mente, en la mente del hombre moderno. Muchos siguen creyendo, pero en un dios que ellos mismos han creado en su mente:

- un dios que no es soberano sobre toda la creación;
- un dios a quien no tienen que rendir cuentas; y
- un dios que tampoco es tan santo como para airarse contra su pecado.

Esa imagen dista mucho de lo que Dios mismo ha revelado acerca de Él en Su Palabra: "Porque la ira de Dios se revela desde el cielo contra toda impiedad e injusticia de los hombres, que con injusticia restringen la verdad" (Ro 1:18). Dios está airado con aquel que, conociendo la verdad, la restringe, y está airado con cada ser humano que practica la iniquidad.

Lamentablemente, la civilización occidental, que se levantó sobre valores cristianos, hoy no quiere saber nada de lo que la llevó a la cima

del desarrollo. La sociedad occidental de hoy no solo restringe la verdad de Dios, sino que también es ingrata porque rechaza los valores
de Dios que dieron desarrollo a nuestra civilización. Esta no es una
afirmación ligera, porque según Pablo en Romanos 1:21, hay dos cosas
que han airado a Dios:

> "Pues aunque conocían a Dios, no lo honraron como a Dios ni le
> dieron gracias, sino que se hicieron vanos en sus razonamientos
> y su necio corazón fue entenebrecido".

- No lo honraron como a Dios.
- Ni le dieron gracias.

Ambas cosas pueden ser dichas de la civilización occidental en
nuestros días. Y Dios no ha pasado por alto este comportamiento.

2. El hombre ha creado una imagen propia muy por encima de su realidad, lo que contribuye al eclipse de Dios.

Dios hizo al hombre a Su imagen y semejanza, pero ahora el hombre
ha hecho a Dios a su imagen y semejanza humana. Ahora tenemos la
combinación perfecta para un eclipse de Dios: un Dios distante que luce
pequeño debido a la lejanía del hombre y un hombre con un sentido de
grandeza y autosuficiencia nunca antes visto. El hombre moderno no
concibe un Dios que interfiera en su libertad, hasta el punto de preferir
ídolos que pueda manejar a su manera. El hombre confía en ídolos que
no están hechos de madera o piedra, sino que son adquisiciones terrena-
les y sueños anhelados que coloca en el atar de su corazón y que no va a
dejar a un lado por Dios. O, como bien afirmó el historiador presbiteria-
no, Joseph Haroutunian: "Antes, la religión estaba centrada en Dios. Lo
que no era propicio para la gloria de Dios era infinitamente malo; ahora,
lo que no es propicio para la felicidad del hombre es malo, injusto e imposible de atribuir a la Deidad. Antes, el bien del hombre consistía en
glorificar a Dios; ahora, la gloria de Dios consiste en el bien del hombre".[5]

---

[5] Citado por Erwin Lutzer en *10 Lies about God and the Truth That Shatter Deception* (Grand Rapids: Kregel, 2009), p. 8.

Nuevamente habría que decir: *"¡Cómo han cambiado las cosas!"*; pero no de la noche a la mañana, sino desde los tiempos en que la presencia de Dios se manifestaba en medio de Su iglesia hasta nuestros días, cuando Su presencia manifiesta está ausente.

3. El uso selectivo de la Palabra de Dios.

El otro factor que ha contribuido a eclipsar a Dios es el uso selectivo de Su Palabra, al punto que muchos seleccionan qué cosas de la Palabra van a creer y qué cosas no van a creer. Algunos incluso deciden qué verdades de la Palabra predicar y cuáles callar con el objetivo de ganar audiencia. Muchos aceptan la revelación si están de acuerdo con ella; de lo contrario, pueden incluso llegar a juzgar a Dios como arbitrario.

Por otro lado, durante este eclipse de Dios, muchos se sirven solo de la gracia de Dios, de la que a menudo abusan. Y, al mismo tiempo, tienden a desechar con desdén todo lo que entienden por ley porque les resulta limitante. Se entiende por ley todos aquellos pasajes que prohíban, adviertan, juzguen o condenen. Algunos quieren ciertas cosas de la Palabra, pero no toda la Palabra, y eso es parte del eclipse de Dios. Llamamos a Cristo el Príncipe de Paz, pero luego queremos:

- La paz sin el Príncipe;
- La gloria sin la cruz;
- La gracia sin la ley;
- Su provisión y Su libertad, sin rendición de cuentas;
- Los beneficios sin responsabilidades;
- Las bendiciones sin disciplina o restricciones;
- El cielo sin el infierno;
- A Dios sin Su ley y sin Su santidad;
- Y la Palabra con Sus bendiciones, pero sin Sus demandas.

Incluso hemos querido la luz misma, pero sin el calor que genera la luz. Somos como la mariposa que se acerca al tubo de la lámpara de queroseno sintiéndose atraída por la luz, pero cuando se acerca al tubo, es la intensidad del calor lo que hace que se aleje de la lámpara.[6]

---

[6] Ilustración escuchada años atrás de parte del Pastor Charles Swindoll, en uno de sus mensajes.

Muchos se acercaron a Cristo; pero luego lo abandonaron cuando oyeron el precio que debían pagar para seguirlo (Jn 6:66). Así le sucede al hombre moderno que se acerca a la verdad; se siente atraído por las enseñanzas de Cristo, pero luego la intensidad del calor de Sus enseñanzas hace que se aleje de Él.

La contribución de la iglesia al eclipse

Antes de cerrar este capítulo introductorio, considero conveniente abordar hasta qué punto la iglesia ha contribuido al eclipse de Dios en este tiempo. Menciono todo lo que sigue como una forma de cautela para no incrementar el eclipse ya existente.

En 1955, Merril Hunger escribió:

> "Pero la gloria del púlpito cristiano es un brillo prestado [...] La gloria se está marchando del púlpito del siglo XX de forma alarmante [...] A la Palabra de Dios se le ha negado el trono y se le ha dado un lugar desmerecido".[7]

Es increíble pensar que ya, a mediados del siglo pasado, hace unos setenta años, algunos predicadores habían comenzado a notar que algo faltaba en los púlpitos de Norteamérica. Desde entonces, en muchos púlpitos han evitado exponer el carácter de Dios a partir de las Escrituras, prefiriendo predicar sobre un dios pequeño y manejable, cuya santidad no infunde temor y cuya soberanía no interfiere en los planes humanos.

Cuando los líderes del pueblo de Dios obstruyen la revelación de Dios en cualquiera de sus formas, dicho pueblo sufre las consecuencias, y muchas veces es la iglesia misma la que comienza pagando el precio. En Israel, el reproche de Dios a través de Oseas se dirigió principalmente al sacerdote y al profeta (Is 28:7; Jr 2:8, 26; 6:13; 8:10; 14:18). Y luego fue contra toda la nación.

Si la predicación deja de ser la exposición de la verdad de Dios para convertirse en ideas humanas, pragmáticas o modas ideológicas, es

---

[7] Merrill F. Hunger, *Principles of Expository Preaching*, (Grand Rapids: Zondervan, 1955), pp. 11-15.

evidente que Dios acabará quitando de entre nosotros Su presencia manifiesta. En esas condiciones, podemos presentar un sermón exegéticamente correcto, pero no estará presente el poder del Espíritu de Dios que debe acompañar a la predicación. Cuando Dios se aleja de la iglesia, una de las primeras consecuencias es la pérdida de convicción en la predicación, típica de una predicación bajo la guía del Espíritu. Durante ese eclipse, hay sermones, pero no hay mensajes divinos que emanen directamente de la Palabra de Dios.

En medio del eclipse, es natural que escasee la Palabra de Dios. Ya en el pasado, Dios envió juicios similares, como leemos en el profeta Amós:

> "'Vienen días', declara el Señor Dios, 'en que enviaré hambre sobre la tierra, no hambre de pan, ni sed de agua, sino de oír las palabras del Señor. La gente vagará de mar a mar, y del norte hasta el oriente; andarán de aquí para allá en busca de la palabra del Señor, pero no la encontrarán'". (Am 8:11-12)

La peor hambruna que puede sufrir un pueblo no es la falta de pan físico, sino la falta del pan de Dios. Cuando Dios está ausente, es fácil discernirlo, porque de repente lo que el hombre tiene que decir se vuelve más importante que lo que Dios tiene que decir. Si eclipsamos la Palabra de Dios, eclipsamos a Dios mismo, ya que Él se revela a través de la exposición de Su Palabra. Durante un eclipse de Dios, tanto la predicación de la Palabra como la adoración de Dios sufren, y, como consecuencia, el pueblo de Dios también sufre. Como resultado, la iglesia pierde el derecho de representar a Dios, de la misma manera que Israel lo perdió, como leemos en el texto de Oseas citado al comienzo de este capítulo. Hoy más que nunca debemos aferrarnos a la verdad de Dios, especialmente si comprendemos que la iglesia es "columna y sostén de la verdad" (1 Ti 3:15). Debemos persistir en esta posición si no queremos perder el derecho de representar a Dios ante el mundo, tal como lo perdió Israel. No olvidemos que "somos embajadores de Cristo, como si Dios rogara por medio de nosotros [...] ¡Reconcíliense con Dios!" (2 Co 5:20). Tampoco podemos olvidar que

Cristo, antes de ascender a los cielos, nos declaró la sal de la tierra y la luz del mundo.

En momentos como estos, necesitamos clamar a Dios tal como lo hizo John Knox por Escocia cuando exclamó: "¡Dame a Escocia o me muero!". Este no fue un ruego arrogante, sino el clamor apasionado de un hombre desolado por el estado de su nación. Por esto que E. M. Bounds insistía en que deberíamos orar fervorosamente, ya que "la oración mueve la mano que mueve el mundo".[8] Nuestra oración no garantiza resultados, pero bien nos enseñó que algunos "no tienen, porque no piden" (Stg 4:2).

Si Cristo pasó noches enteras en oración, no podemos tomar a la ligera lo que Él consideró seriamente. Jesús oró para que el Espíritu Santo viniera (Jn 14:16). Ahora debemos orar para estar llenos del Espíritu que ya reside en nosotros. Solo entonces nuestras oraciones estarán más enfocadas y serán mucho más efectivas. Un cristiano sin oración confía en su propia capacidad en lugar de la suficiencia del Espíritu. Y una predicación sin la unción del Espíritu es como un velero sin viento.

Ahora mismo, necesitamos un mover de la mano de Dios. Nada más cambiará el destino de la iglesia y de las naciones. Los reformadores oraron, predicaron y confiaron:

- hasta que Dios volviera al centro de la historia como la persona que providencialmente dirige el curso de las naciones;
- hasta que Cristo pasara al centro de la predicación como el objeto y el sujeto de toda la Biblia;
- y hasta que la Biblia se posicionara en el centro de la vida de la iglesia como la brújula que nos apunta a Cristo.

Estos tres puntos resumen el legado de la Reforma:

Dios en el centro de la historia.
Cristo como el centro de la predicación.
Y la Biblia en el centro de la vida de la iglesia.

---

[8] *The Complete Works of E. M. Bounds*, edición kindle, Loc 6487 of 12859, en el capítulo "Prayer: Its possibilities".

Para ver eso necesitamos:

- Orar por el favor de Dios.
- Vivir la verdad que conocemos.
- Predicar y evangelizar en el poder del Espíritu, no mediante estrategias humanas.
- Unir a los creyentes en torno a la verdad del evangelio, reconociendo que nuestras divisiones no glorifican a Dios.
- Cultivar un espíritu manso y humilde, demostrando que verdaderamente hemos sido transformados por el poder del evangelio.

Todo lo anterior es el deseo de un Dios que a través de la historia redentora ha estado diciendo tanto al creyente individual y a Su pueblo en general: "*¡Volveos a Mí!*".

PRIMERA PARTE

VOLVEOS A MÍ

1

VOLVEOS A MÍ

"'Vuelvan, hijos infieles', declara el Señor, 'porque Yo soy su dueño, y los tomaré, uno de cada ciudad y dos de cada familia, y los llevaré a Sión'. Entonces les daré pastores según Mi corazón, que los apacienten con conocimiento y con inteligencia". **Jr 3:14-15**

El 22 de marzo de 2020, a raíz de la crisis mundial provocada por el COVID-19, la enfermedad infecciosa causada por el coronavirus, descrita por primera vez en la ciudad de Wuhan (China) en diciembre de 2019, inicié una serie de predicaciones con el objetivo de que nuestra iglesia local y la iglesia de Cristo en general pudieran aprovechar ese tiempo de adversidad para examinar sus caminos y buscar fervientemente al Señor, que controla no solo las pandemias, sino cada evento que ocurre en el universo. En aquel entonces, a modo de introducción, compartimos una cita publicada en Twitter por Ray Ortlund, fundador y pastor de la iglesia Immanuel en Nashville, Tennessee, y presidente de Renewal Ministries. En el referido mensaje, Ortlund dijo lo siguiente:

"Si nosotros los pastores y nuestras iglesias salimos de esto solo para regresar a la 'normalidad' con un suspiro de alivio, pero sin arrepentimiento, sin oración, sin valentía, habremos desperdiciado nuestro momento histórico. Y entonces, ¿qué más tendrá que hacer el Señor para sacudirnos y despertarnos?".[9]

Este fue un comentario de gran peso que vino de alguien que entendió el momento crucial en el que estábamos y que entendió muy bien la necesidad de la iglesia de analizar la crisis que teníamos por delante.

Sin duda, las enfermedades son el fruto de vivir en un mundo caído. No obstante, cuando algo se convierte en un problema de alcance mundial que paraliza no solo el funcionamiento de las naciones, sino también todas y cada una de las actividades que Dios nos ha ordenado llevar a cabo como iglesia, no podemos dejar que la oportunidad pase de largo sin reflexionar sobre cuál podría ser el mensaje de Dios para Su pueblo en tiempos como esos. Piense por un momento en lo siguiente: en Hebreos 10:25, la Palabra de Dios nos manda a no dejar de congregarnos, pero en las circunstancias provocadas por la referida pandemia, no podíamos ni debíamos hacerlo hasta que se entendiera mejor el comportamiento del virus. Asimismo, vemos en Efesios 5:19 que Dios desea que su pueblo se reúna a adorarle corporativamente (Ef 5:19). Sin embargo, a causa del COVID-19 los servicios dominicales dejaron temporalmente de ser presenciales para convertirse en virtuales. Congregarnos para alabar y adorar juntos al Señor no era posible en esos momentos.

Por su parte, Cristo nos pidió que celebráramos la Santa Cena en memoria de Él y que lo hiciéramos con cierta regularidad, como leemos en Lucas 22:19 y 1 Corintios 11:24-25. Además, en Mateo 28:19-20, el Señor Jesucristo nos dejó la Gran Comisión ordenándonos hacer discípulos de todas las naciones, bautizándolos en el nombre del Padre, del Hijo y del Espíritu Santo. Sin embargo, durante una buena parte del 2020, estuvimos impedidos de llevar a cabo estas actividades y por una justa razón, pues no era prudente ni sabio hacerlo en ese momento, dado el conocimiento limitado que se tenía del virus.

En tiempos de dolor, Dios nos llama a llorar con los que lloran (Ro 12:15b), pero durante la pandemia, los funerales fueron prácticamente prohibidos. De manera que ni siquiera podíamos llorar con los

---

[9] https://twitter.com/rayortlund/status/1243299425885224961?s=20 (Tweet ha sido removido).

que estaban llorando por la muerte de un ser querido, pues eso podía aumentar el riesgo de transmisión del coronavirus, ya que el virus podía encontrarse en las lágrimas. En cierto modo, dicho impedimento nos hizo recordar la ocasión en que Dios le prohibió al profeta Ezequiel que llorara por la muerte de su esposa como símbolo del juicio que vendría sobre Jerusalén, la cual sería destruida junto con el templo que era el orgullo del pueblo judío. Observe de qué manera Dios le anuncia al profeta la muerte de su esposa y la prohibición de llorar por ella:

"Y vino a mí la palabra del SEÑOR: 'Hijo de hombre, voy a quitarte de golpe el encanto de tus ojos; pero no te lamentarás, ni llorarás, ni correrán tus lágrimas. Gime en silencio, no hagas duelo por los muertos; átate el turbante, ponte el calzado en los pies y no te cubras los bigotes ni comas pan de duelo'. Hablé al pueblo por la mañana, y por la tarde murió mi mujer; y a la mañana siguiente hice como me fue mandado. Y el pueblo me dijo: '¿No nos declararás lo que significan para nosotros estas cosas que estás haciendo?'. Entonces les respondí: 'La palabra del SEÑOR vino a mí, y me dijo: "Habla a la casa de Israel: 'Así dice el SEÑOR Dios: "Voy a profanar Mi santuario, que para ustedes es orgullo de su fuerza, encanto de sus ojos y deleite de su alma. Sus hijos y sus hijas que ustedes han dejado detrás, caerán a espada. Harán como Yo he hecho; no cubrirán sus bigotes ni comerán pan de duelo"'". (Ez 24:15-22)

En aquel momento, Ezequiel estaba exiliado en Babilonia y Dios estaba profetizando la destrucción de la ciudad de Jerusalén y del templo que vendría tiempo después como juicio por las iniquidades del pueblo judío. Con la prohibición de hacer duelo por su esposa, Dios quería simbolizar a través del profeta Ezequiel que no valía la pena llorar por las familias de Israel, cuando el pueblo mismo había traído esta calamidad sobre ellos. Durante la pandemia no pudimos llorar con los que lloraban, pero ese no era el deseo original de Dios.

Asimismo, el relato bíblico comienza con una boda y termina con una boda, ayudándonos a ver la importancia de estos eventos como símbolo de la unión de Cristo con Su iglesia. Pero debido a las normas de distanciamiento social que se pusieron en práctica para evitar el avance de la referida pandemia, no podíamos celebrar bodas como estamos acostumbrados. De modo que no podíamos gozarnos con los que se gozaban tampoco (Ro 12:15a), y tampoco podíamos tener *koinonía* los unos con los otros, como la tuvieron los creyentes del primer siglo según vemos en el capítulo 2 y 4 del libro de los Hechos. Aún más, en 1 Corintios 16:20, 2 Corintios 13:12 y 1 Tesalonicenses 5:26, el apóstol Pablo nos exhorta a saludarnos con un beso santo, pero eso tampoco podíamos hacerlo en tiempos de pandemia.

En nuestra opinión, todas estas restricciones eran lo más parecido a lo que podría considerarse una disciplina de Dios para Su iglesia. Ciertamente, la iglesia no es un edificio, sino toda la congregación de creyentes, pero a la luz de las Escrituras nosotros no estábamos "siendo iglesia" durante el tiempo de confinamiento vivido producto de la pandemia. La Palabra de Dios estaba siendo proclamada vía internet porque la Palabra nunca será encadenada, pero el solo hecho de escuchar un sermón no es ser iglesia. Ahora bien, como Dios es quien controla todos los eventos del universo, creemos firmemente que Dios fue quien permitió que Su iglesia fuera sometida a estas condiciones por alguna razón; en Su providencia, lo permitió con un buen propósito. No podemos olvidar que ni siquiera un pajarillo cae a tierra sin el consentimiento de nuestro Padre.

La necesidad de volver a Dios

La preocupación y la carga que sentimos por la condición actual del pueblo de Dios, y en particular por la condición del liderazgo de ese pueblo, fue lo que me movió a escribir un libro con un llamado a volvernos a Dios. La idea es poder hablar de la necesidad que el pueblo de Dios tiene de enmendar sus caminos antes de que sea demasiado tarde. A veces, lo que el hijo de Dios quiere hacer para "arrepentirse" resulta ser muy poco y demasiado tarde. Muchos prefieren un arrepentimiento parcial que les permita seguir con su estilo de vida un tanto modificado, pero no radicalmente cambiado, y al mismo tiempo poder disfrutar de las bendiciones de Dios. Esta actitud que vemos en la iglesia de hoy es muy similar a la condición del pueblo de Dios en el Antiguo Testamento. Para explicar lo que acabo de mencionar, revisaremos un texto de Jeremías 3:12-15, que nos exhorta a arrepentirnos y a volvernos a Dios. Para interpretar adecuadamente estos versículos en su contexto apropiado, es esencial revisar algunos antecedentes históricos. En particular, nos enfocaremos en gran parte del capítulo tres de Jeremías.

Después de la muerte del rey Salomón, Israel terminó dividido en dos reinos: el reino del Norte y el reino del Sur. El reino del Sur permaneció fiel al hijo de Salomón, Roboam, mientras que el reino del Norte se rebeló contra él. El reino del Norte estaba constituido por diez tribus y fue llamado Israel o Efraín, que era la tribu más grande de las diez que lo componían. Por su parte, el reino del Sur estaba formado por dos tribus, la de Benjamín y la de Judá, y fue llamado por el nombre de Judá, que era la mayor de las dos. En un momento dado, los habitantes del reino del Norte (Israel) fueron llevados al exilio como esclavos por el Imperio asirio. Entonces, Dios advierte al reino del Sur (Judá) que, de no arrepentirse, correrían la misma suerte que su hermana del norte, Israel. Sin embargo, Judá no hizo caso a las advertencias de Dios y años más tarde fue enviada al exilio a Babilonia. El pecado de ambos reinos fue el mismo: idolatría e inmoralidad sexual.

Dios calificó la idolatría de los judíos como adulterio, ya que Él había tomado a la nación de Israel por esposa. De hecho, en ocasiones el Señor usó palabras chocantes, sobre todo en el lenguaje original, para condenar la idolatría de Israel. De ahí que, en el libro del profeta Ezequiel vemos a Dios comparar la idolatría de Su pueblo con el acto sexual de una prostituta. A través del profeta, el Señor les dice: "¡En cada esquina construiste santuarios y degradaste tu belleza! Te abriste de piernas a cualquiera que pasaba, y fornicaste sin cesar" (Ez 16:25, NVI). Con estas fuertes palabras, Dios se refería al número de dioses ajenos a los que Israel rindió culto en vez de honrar al Dios verdadero. Lamentablemente, esto lo hizo el reino del Norte y lo repitió el reino del Sur.

El pueblo tenía altares en cada montaña y debajo de cada árbol. A cada acto de adoración rendida a dioses ajenos, Dios le llamó fornicación. Esto era tan grave que Dios solo pudo comparar la idolatría de Su pueblo con los pecados de fornicación y adulterio. Observe cómo el Señor se expresa de ellos en Jeremías:

"Alza tus ojos a las alturas desoladas y mira; ¿Dónde no te has prostituido? Junto a los caminos te sentabas para ellos como el árabe en el desierto. Has profanado la tierra con tu prostitución y tu maldad". (Jr 3:2)

Philip Ryken, en su comentario sobre el libro de Jeremías, señala que la palabra traducida como "acostado" en el texto original implica violencia sexual.[10] De modo que podría interpretarse como si Dios dijera: "¡¿Dónde no te han violado?!". Además, Ryken añade que los judíos buscaban disfrutar adorando dioses ajenos; sin embargo, lo que para ellos representaba un buen momento, para Dios constituía una violación espiritual de Su "esposa" Israel. Así ve Dios nuestra idolatría: como una violación sexual. Al final, somos nosotros los que sufrimos las consecuencias del "buen tiempo" que pretendíamos pasar en la práctica de nuestros pecados. Según Philip Ryken, los dioses ajenos son siempre abusivos. ¡Por supuesto! Porque nos causan daño, nos acarrean consecuencias negativas, nos alejan de Dios y nos privan del gozo, la esperanza y la pasión por las cosas de Dios, incluso del reino futuro. Todo se reduce al aquí y al ahora. Esos dioses ajenos nos "violan", dice Dios, dejándonos con el alma herida.

Observe cómo Dios percibía la idolatría de Israel ante los ojos:

"Te sientas junto al camino como una prostituta en espera de un cliente. Te sientas sola, como un nómada en el desierto. Contaminaste la tierra con tu prostitución y tu perversidad". (Jr 3:2b, NTV)

Así también luce la iglesia cuando coquetea con el mundo. Así luce el creyente cuando habla en nombre de Dios, pero vive conforme al

---

[10] Philip Graham Ryken, *Jeremiah and Lamentations: From Sorrow to Hope* (Wheaton: Crossway Books, 2001), p. 54.

mundo, practicando el pecado de la misma manera que lo hace el mundo. Nos parecemos a una prostituta en la calle esperando un cliente. En otras palabras, muchas veces vivimos buscando nuevas formas de pecar y de pecar sin ser descubiertos, como si lo que importara fuese que los hombres no descubran nuestro pecado, cuando la realidad es que Dios ve nuestro pecado en cualquier manera que lo disfracemos. Cada nueva forma de pecar representa nuestro próximo cliente en el lenguaje figurado que Dios usa en Jeremías.

Más adelante, Dios continúa reprendiendo a Israel y le dice:

"¿No acabas de llamarme: 'Padre mío, Tú eres el amigo de mi juventud'?, pensando: '¿Guardará rencor para siempre? ¿Estará indignado hasta el fin?'. Así has hablado, pero has hecho lo malo, y has hecho tu voluntad". (Jr 3:4-5)

En esencia, Dios les reprocha que hablan de una forma, pero se comportan de otra. Israel llamaba a Dios su Padre y su amigo, pero obraba mal ante Dios. Así mismo luce el creyente cuando ora y canta a Dios, cuando le llama buen Padre, pero luego ignora Sus mandamientos y hace lo que le place de día y de noche.

El texto de Jeremías 3 continúa describiendo la infidelidad del pueblo de Dios:

"Durante el reinado de Josías, el SEÑOR me dijo: '¿Te has dado cuenta de lo que ha hecho la caprichosa Israel? Como una esposa que comete adulterio, Israel ha rendido culto a otros dioses en cada colina y debajo de todo árbol frondoso. Yo pensaba: "Después de haber hecho todo esto regresará a mí"; pero no lo hizo, y su desleal hermana Judá lo observó. Vio que me divorcié de la infiel Israel debido a su adulterio; pero Judá, esa hermana traicionera, no tuvo temor, y ahora ella también me ha dejado y se ha entregado a la prostitución. Israel no lo tomó en serio y no le parece nada fuera de lo común cometer adulterio al rendir culto a ídolos hechos de madera y de piedra. Así que ahora la tierra se ha corrompido. Sin embargo, a pesar de esto, su infiel hermana Judá nunca ha vuelto a mí de corazón, solo fingió estar apenada. ¡Yo, el SEÑOR, he hablado!'". (Jr 3:6-10, NTV)

El reino del Sur (Judá) fingió sentir pesar, lo cual equivale a decir que Judá simuló arrepentirse, pero nunca lo hizo genuinamente. Su arrepentimiento fue solo de palabras, pero nunca de hechos. De manera similar, muchos cristianos se presentan ante Dios, piden perdón por sus pecados y aseguran estar arrepentidos; sin embargo, al día o la semana siguiente vuelven a cometer el mismo pecado.

En su segunda carta a los corintios, el apóstol Pablo aborda dos formas de arrepentirnos: una real y una falsa; una conforme a Dios y otra conforme al mundo. Note cómo él hace la distinción entre ambas:

"No lamento haberles enviado esa carta tan severa, aunque al principio sí me lamenté porque sé que les causó dolor durante un tiempo. Ahora me alegro de haberla enviado, no porque los haya lastimado, sino porque el dolor hizo que se arrepintieran y cambiaran su conducta. Fue la clase de tristeza que Dios quiere que su pueblo tenga, de modo que no les hicimos daño de ninguna manera. Pues la clase de tristeza que Dios desea que suframos nos aleja del pecado y trae como resultado salvación. No hay que lamentarse por esa clase de tristeza; pero la tristeza del mundo, a la cual le falta arrepentimiento, resulta en muerte espiritual. ¡Tan solo miren lo que produjo en ustedes esa tristeza que proviene de Dios! Tal fervor, tal ansiedad por limpiar su nombre, tal indignación, tal preocupación, tal deseo de verme, tal celo y tal disposición para castigar lo malo. Ustedes demostraron haber hecho todo lo necesario para corregir la situación". (2 Co 7:8-11, NTV)

Tanto el reino del Norte como el reino del Sur se apartaron de Dios, abandonando la "fuente de aguas vivas" para cavar "cisternas agrietadas que no retienen agua" (Jr 2:13). Según Philip Ryken, a quien citamos anteriormente, eso sería como "abandonar un manantial de agua fresca para ir a beber de una cloaca".[11] Lamentablemente, el reino del Sur nunca extrajo una lección del exilio al que Dios sometió al reino del Norte.

Cuando el reino del Norte fue exiliado, Jeremías 3:8 dice que Dios despidió a la infiel Israel y le dio carta de divorcio. La iglesia es la novia de Cristo; sin embargo, al igual que el pueblo de Dios en el Antiguo Testamento, la iglesia contemporánea también tiene sus "amantes". Si bien la iglesia de nuestros días no erige ídolos de piedra, oro o plata para colocarlos en un altar, idolatra cosas como el orgullo, la reputación, la posición social, el dinero, el entretenimiento o la inmoralidad sexual, colocándolos en el altar de su corazón. Para colmo, viviendo de esa manera, condena al mundo por comportarse del mismo modo.

Si Jeremías viviera en nuestros días, probablemente centraría sus críticas en la iglesia más que en el mundo circundante. De hecho, los fieles suelen juzgar a los no creyentes por cometer los mismos pecados que ellos mismos practican. En su carta a los romanos, Pablo censura a los moralistas, tanto de su época como de la actualidad, precisamente por esta actitud, y les advierte: "Por lo cual no tienes excusa, oh hombre, quienquiera que seas tú que juzgas, pues al juzgar a otro, a ti mismo te condenas, porque tú que juzgas practicas las mismas cosas" (Ro 2:1). Esta es la razón por la que Pedro dice: "Porque es tiempo de que el juicio comience por la casa de Dios. Y si comienza por nosotros primero, ¿cuál será el fin de los que no obedecen al evangelio de Dios?" (1 P 4:17).

La pandemia del coronavirus causó que las edificaciones de las iglesias fueran cerradas, pero no fueron los únicos "templos de adoración" que fueron afectados. Dios usó la pandemia para cerrar los templos de adoración al cuerpo llamados gimnasios; los templos de adoración al entretenimiento y a la comida; los templos dedicados a la embriaguez; los salones de belleza, y hasta los casinos. Incluso el ídolo predominante del mundo, el dinero, sufrió un severo revés y continúa tambaleándose hasta el día de hoy.

Todo lo anterior es el trasfondo histórico de la nación de Israel que da lugar al texto bíblico clave de este capítulo, Jeremías 3:12-15, pero

---

[11] Philip Graham Ryken, *Jeremiah and Lamentations: From Sorrow to Hope* (Wheaton: Crossway Books, 2001), p. 53.

quisimos también mencionar el contexto de la iglesia de nuestros días para que quede claro que dicho pasaje no solo tiene que ver con el pasado, sino que tiene aplicación para el presente que estamos viviendo como iglesia. Entonces, veamos ahora cómo habló Dios a Israel a través del profeta Jeremías:

> "Ve y proclama estas palabras al norte, y di: *'Regresa, infiel Israel'*, declara el SEÑOR, 'no te miraré con ira, porque soy misericordioso', declara el SEÑOR; 'no guardaré rencor para siempre. Solo reconoce tu iniquidad, pues contra el SEÑOR tu Dios te has rebelado, has repartido tus favores a los extraños bajo todo árbol frondoso, y no has obedecido Mi voz', declara el SEÑOR. *'Vuelvan, hijos infieles'*, declara el SEÑOR, 'porque Yo soy su dueño, y los tomaré, uno de cada ciudad y dos de cada familia, y los llevaré a Sión'. Entonces les daré pastores según Mi corazón, que los apacienten con conocimiento y con inteligencia". (Jr 3:12-15, énfasis añadido)

En un momento dado, Dios le pide a Jeremías que profetice al reino del Norte y los llame a volver a Jehová, contra quien habían cometido todo clase de iniquidades. Algunos teólogos piensan que Jeremías fue a Asiria para hablar a los que habían sido llevados allí como esclavos. Otros creen que Dios envió a Jeremías a hablar a aquellos que permanecieron en la parte norte del territorio de Israel y que nunca fueron llevados como esclavos en el momento de la invasión de Asiria. Independientemente de cuál fue la audiencia principal de Jeremías, en el texto citado podemos observar lo siguiente: a) un llamado a regresar a Dios o un llamado al arrepentimiento; b) el carácter benevolente de Dios como la base para el llamado al arrepentimiento; c) la condición para el perdón de Dios; y d) una promesa para el pueblo arrepentido.

a) Un llamado al arrepentimiento.

> "Ve y proclama estas palabras al norte, y di:
> 'Regresa, infiel Israel', declara el SEÑOR". (Jr 3:12a)

Jeremías lloró por la condición espiritual de un pueblo que nunca quiso arrepentirse de sus pecados. De hecho, Jeremías es tradicionalmente conocido como el "profeta llorón". A través de él, Dios llamó al arrepentimiento a un pueblo que se había apartado tanto de su Dios, que nunca se percató de cuán lejos estaba. La expresión "regresa" es una manera de llamar al pueblo al arrepentimiento que aparece, en sus diferentes formas, no menos de dieciocho veces en el capítulo tres y unas noventa veces en todo el libro de Jeremías. Eso nos habla de cuán poco respondió el pueblo al llamado de Dios de regresar a Él. Pero al mismo tiempo, esto nos muestra la insistencia de un Dios fiel que sigue intentando recuperar a Su amada infiel con la intención de hacerla regresar a Su presencia para que esta no sufra las consecuencias de su rebelión y pierda las bendiciones de Dios.

En el libro de Jeremías, el arrepentimiento involucra dos fases. La primera es abandonar la adoración a otros dioses y toda conducta pecaminosa; la segunda, regresar al Señor y caminar en rectitud moral. Este proceso implica que dejemos atrás nuestros ídolos y nuestras formas pecaminosas de vida para encaminarnos hacia Dios y acercarnos a Él. Como bien explica el autor Mark J. Boda:

> "'Volverse a Dios es estar alineado con las prioridades de Dios'.[12] Sin embargo, el problema es que muchas veces el cristiano aspira a lo mejor de los dos mundos. Quiere acercarse a Dios para recibir Sus bendiciones, pero sin renunciar a su estilo de vida que es contrario a la ley de Dios. Es comparable al esposo o la esposa que quiere tener un cónyuge y un amante a la vez. Ante tal actitud, Dios responde: '¡No! Conmigo no puedes jugar. Observa lo que hice con mi propio pueblo. Debes regresar y alinearte conmigo'. Y alinearse con Dios implica compartir su misma mentalidad: estar en sintonía con sus juicios, detestar lo que Él detesta y amar lo que Él ama, y evaluar todo en este mundo conforme al estándar de la Palabra".[13]

---

[12] Mark J. Boda, *Return to Me* (Downers Grove: IVP Academic, edición Kindle), pp. 80-81.

[13] J. C. Ryle, *Holiness: Its Nature, Hindrances, Difficulties, and Roots* (Apollo, PA: Ichthus Publications, 2017), p. 56.

En el libro de Jeremías, Dios dice: *regresa*; en el Nuevo Testamento, el llamado es: *arrepiéntete*. Ambos exhortos son equivalentes. De ahí que, para Juan Calvino, el arrepentimiento es un volver a Dios que resulta de un corazón que le teme; consiste en la mortificación de la carne y del viejo hombre y en la vivificación del Espíritu.[14]

b) El carácter benevolente de Dios como la base para el llamado al arrepentimiento.

"'No te miraré con ira, porque soy misericordioso', declara el SEÑOR; 'no guardaré rencor para siempre'". (Jr 3:12b)

La segunda enseñanza que vemos en el pasaje de Jeremías 3:12 es que Dios nos llama a arrepentirnos no en base a una amenaza de castigo, sino en base a Su carácter benevolente o misericordioso (*hesed*, en el lenguaje original). Como si Dios nos dijera: "Dado que Yo perdono, ¡ven y arrepiéntete!; Mi gracia supera cualquiera de tus pecados. ¡Ven, sé sincero y humíllate! A pesar de tu infidelidad, ¡ven y confiesa tu infidelidad!". Nuestro Dios es tan extraordinario que después de ver la infidelidad de Su pueblo y su idolatría hacia dioses ajenos, lo llama a volver a Él solo por Su gran misericordia.

c) La condición para el perdón de Dios.

La promesa de perdón presupone una confesión de nuestra parte:

"'Solo reconoce tu iniquidad, pues contra el SEÑOR tu Dios te has rebelado, has repartido tus favores a los extraños bajo todo árbol frondoso, y no has obedecido Mi voz', declara el SEÑOR". (Jr 3:13)

La frase "has repartido tus favores a los extraños bajo todo árbol frondoso" alude a la multitud de ídolos que el pueblo judío había colocado en altares erigidos debajo de árboles; una acción que Dios igualó al proceder de la mujer que ofrece sus encantos a todos sus amantes, al estilo de las prostitutas. De modo que, Dios insta a Israel a admitir

---

[14] Juan Calvino, *Institución de la religión cristiana*, 3.3.5.

su idolatría y desobediencia a los mandamientos de Dios. Por eso, el verdadero arrepentimiento requiere de un reconocimiento sincero de nuestra conducta pecaminosa, asumiendo la plena responsabilidad por nuestras acciones y emociones. Cuando finalmente admitimos nuestra iniquidad, dejamos de culpar a otros. Asimismo, reconocer nuestra iniquidad nos lleva a dejar de justificar, ocultar, negar y minimizar nuestro pecado.

El verdadero arrepentimiento se evidencia de varias maneras. En el hebreo, una de las palabras más comunes para expresar arrepentimiento es *shub*, que significa "volverse" o "retornar". Por tanto, arrepentirse implica darse cuenta de que nos hemos desviado y vamos en la dirección equivocada; y decidir cambiar el rumbo dando un giro en U para volver al lugar donde estábamos antes de desviarnos. En el griego, la palabra para arrepentimiento es *metanoia*, una palabra compuesta que implica "cambiar de mente". Este cambio de mentalidad conlleva una transformación del estilo de vida, de los hábitos y del comportamiento. Por otro lado, el verdadero arrepentimiento involucra un sentimiento de dolor o gran pesar por haber ofendido a Dios (*nacham*, en hebreo). El dolor que se experimenta se debe al hecho de saber que hemos menospreciado la sangre de Cristo derramada en la cruz para el perdón de nuestros pecados, y por ende, hemos deshonrado el nombre de Dios.

Algunos teólogos de la Edad Media desarrollaron dos conceptos relacionados con el arrepentimiento que nos ayudan a entender un poco mejor lo que este implica. Establecieron una diferencia entre el arrepentimiento por atrición y el arrepentimiento por contrición. El primero está motivado por el temor a las consecuencias; de hecho, muchos no dejaríamos de pecar si supiéramos que no hay consecuencia por nuestro pecado. Este tipo de arrepentimiento calcula hasta dónde debe confesar para quedar bien ante los demás, pues su principal motivación es la opinión de los hombres. La atrición no busca reparar el daño causado a los demás, sino simplemente esquivar las consecuencias. En consecuencia, el arrepentimiento por atrición busca hacer lo mínimo indispensable para evitar repercusiones.

Por el contrario, el arrepentimiento por contrición implica un dolor por haber ofendido a Dios; un dolor que es producto de un profundo amor que sentimos hacia Él. Cuando el arrepentimiento es por contrición, el creyente comienza a pensar de qué manera debe actuar para complacer a su Señor y de inmediato se mueve en dirección a Dios porque no desea estar lejos de Él. En otras palabras, esa persona se dirige en dirección opuesta a la que venía transitando y emprende un camino de regreso a su Dios porque tiene el deseo de amarle con todo su corazón, con toda su alma y con todas sus fuerzas. Esto nos da una idea de cuál de estos dos arrepentimientos es más agradable al Señor.

Si la motivación es genuinamente la gloria de Dios, entonces habrá en nosotros una disposición para regresar a Dios y arrepentirnos de cada pecado del que seamos conscientes. La persona verdaderamente arrepentida busca maneras de evitar retomar el camino errado que antes seguía. Sin embargo, si después de pecar seguimos coqueteando con el pecado y continuamos por el mismo camino que transitábamos, podemos concluir que ese arrepentimiento no fue genuino.

d) Una promesa para el pueblo arrepentido.

> "'Vuelvan, hijos infieles', declara el SEÑOR, 'porque Yo soy su dueño, y los tomaré, uno de cada ciudad y dos de cada familia, y los llevaré a Sión'. Entonces les daré pastores según Mi corazón, que los apacienten con conocimiento y con inteligencia". (Jr 3:14-15)

Existen dos características que se destacan en la narrativa de los libros proféticos del Antiguo Testamento, ambas relacionadas con la relación de Dios con Su pueblo. En primer lugar, se suele describir al pueblo como la esposa infiel mientras que Dios es descrito como el esposo fiel. A través de Jeremías, Dios subraya la importancia de que los hijos de Israel vuelvan a Él. En Jeremías 3:14, Dios alude al pueblo judío como hijos infieles, pero acto seguido afirma que Él es su legítimo dueño. Es evidente que la infidelidad de Israel no hizo que Dios se olvidara de ellos para siempre. Ellos se olvidaron de Él como esposo y como dueño, pero Dios les recordó continuamente que seguía fiel al pacto que había hecho con Abraham, Isaac y Jacob. En el Nuevo Testamento, el apóstol Pablo recuerda esta trascendental verdad a su discípulo Timoteo, al asegurar que, "si somos infieles, Él permanece fiel, pues no puede negarse a sí mismo" (2 Ti 2:13, LBLA). Ciertamente, Dios siempre es fiel a Su Palabra y no puede hacer promesas que luego no cumpla.

Continuando con Jeremías 3, a partir del versículo 15 y hasta el final del capítulo, el lenguaje de juicio del profeta Jeremías cambia a un lenguaje de promesa que todavía aguarda cumplimiento futuro para quienes creemos en el reino milenial. Para ese tiempo futuro, Dios promete reunir al pueblo hebreo, tanto del reino del Norte como del Sur, y proporcionarles pastores que los guíen conforme a Su voluntad. Así dice el Señor en Jeremías 3:

"'... y los tomaré, uno de cada ciudad y dos de cada familia, y los llevaré a Sión'. Entonces les daré pastores según Mi corazón, que los apacienten con conocimiento y con inteligencia". (Jr 3:14b-15)

Cuando esto suceda, el pueblo de Israel se multiplicará y la presencia de Dios estará nuevamente con ellos. Así, el arca del pacto, aquel símbolo de la presencia de Dios tan reverenciado por ellos en el templo anterior, ni siquiera será mencionada porque la presencia plena del Señor morará con ellos para siempre.

"'En aquellos días, cuando ustedes se multipliquen y crezcan en la tierra', declara el SEÑOR, 'no se dirá más: "Arca del pacto del SEÑOR". No les vendrá a la mente ni la recordarán, no la echarán de menos ni será hecha de nuevo"'. (Jr 3:16)

Cuando llegue ese día, el pueblo hebreo y los pueblos de todas las naciones (gentiles) habitarán en unidad, y Jerusalén recuperará un lugar especial entre las naciones de la tierra. Los judíos nunca más volverán a ser caracterizados por su infidelidad a Jehová, ya que Dios les dará un nuevo corazón que les impedirá apartarse del Señor. Así lo afirman los versículos 17 y 18 del capítulo 3 de Jeremías:

"En aquel tiempo llamarán a Jerusalén: 'Trono del SEÑOR'; y todas las naciones acudirán a ella, a Jerusalén, a causa del nombre del SEÑOR; y no andarán más tras la terquedad de su malvado corazón. En aquellos días andará la casa de Judá con la casa de Israel, y vendrán juntas de la tierra del norte a la tierra que di en heredad a sus padres". (Jr 3:17-18)

Reflexión final

A lo largo de toda la revelación bíblica del Antiguo Testamento, Dios se muestra como el Padre fiel, amoroso y misericordioso que se preocupa por el bienestar de Sus hijos. Es también el Dios que toma la iniciativa de inducir en ellos arrepentimiento para perdonar sus pecados, sanarlos y bendecirlos de nuevo, a pesar de su marcada infidelidad. En el Nuevo Testamento, la imagen que se nos presenta es la de Cristo como esposo y la iglesia como Su novia. No obstante, observamos una vez más la infidelidad de la iglesia hacia su esposo. Cristo sigue instando a Su novia a dejar a abandonar a sus amantes y dedicarse por completo a Él.

En el transcurso de la historia redentora, se nota cómo Dios siempre ha utilizado periodos de dificultad, confusión y sufrimiento para invitar a la sociedad no convertida a reconocer su pecado y buscarle. Pero antes de llamar al incrédulo, Dios llama a Su pueblo a regresar a Él; porque este pueblo es el portador de las buenas nuevas de salvación y constituye la sal y la luz del mundo. La iglesia necesita corregir su rumbo, y los tiempos de adversidad ofrecen una oportunidad perfecta para la introspección, el reconocimiento de nuestros pecados y el arrepentimiento. La meta es que, al superar la crisis, estemos espiritualmente fortalecidos y no en la misma condición en que estábamos al principio. Recordemos que, para el ser humano, las aflicciones en este mundo, sean del tipo que sean, no son su problema principal, sino el pecado que reside en él. Este pecado tiene una tasa de mortalidad del 100 %, a menos que encontremos la cura en Cristo Jesús, nuestro redentor y salvador. En muchas ocasiones, el problema primordial no son las aflicciones en sí, sino la manera en que las enfrentamos. Nunca olvidaré una frase del pastor y consejero bíblico, Paul Tripp: "Muchas personas no solo sufren debido a una situación difícil, sino que también sufren por cómo se sienten estando en esa situación". Vuelve a leer la frase detenidamente porque a primera vista podría parecer un trabalenguas. La idea es que, cuando optamos por afrontar los problemas de una manera no bíblica, mediante la queja y la falta de aceptación, esa actitud aumenta considerablemente el grado de dolor de la experiencia.

2

EL PUEBLO DE DIOS EN TIEMPOS DE DIFICULTAD Y DOLOR

> "Si cierro los cielos para que no haya lluvia, o si mando la langosta a devorar la tierra, o si envío la pestilencia entre Mi pueblo, y se humilla Mi pueblo sobre el cual es invocado Mi nombre, y oran, buscan Mi rostro y se vuelven de sus malos caminos, entonces Yo oiré desde los cielos, perdonaré su pecado y sanaré su tierra". **2 Cr 7:13-14**

Aquellos que han sido llamados a instruir, liderar y velar por el pueblo de Dios, con toda probabilidad estarán de acuerdo en afirmar junto a nosotros que predicar en tiempos de gran dificultad, confusión y sufrimiento es sumamente difícil. Durante esos momentos hay muchas emociones encontradas que pudieran hacernos perder el balance y dejar fuera enseñanzas vitales de la Palabra de Dios justamente para tiempos como esos. Es esencial considerar todo el consejo de Dios. Si los pastores nos enfocamos exclusivamente en predicar consolación, podríamos perder perspectiva. Aunque consolar es un mensaje apropiado en tiempos de dificultad, no debemos limitarnos a ello. Al diversificar nuestra enseñanza, tenemos la oportunidad de compartir grandes verdades y principios bíblicos. Estos nos revelan cómo Dios, en el pasado, ha utilizado tiempos turbulentos para expandir su plan de salvación.

En otros casos, ha sido un llamado para que Su pueblo regrese a Él, como mencionamos en el capítulo anterior.

La historia de la iglesia muestra, aún en tiempos recientes, como en medio de guerras y en múltiples otras ocasiones como los desastres naturales, la mano de Dios ha obrado para llevar el evangelio a regiones que muchas veces habían estado cerradas al evangelismo. De igual manera, la Biblia registra cómo Dios supo traer calamidades sobre Su propio pueblo en momentos de rebeldía con el único propósito de santificarlo y volverlo a Su camino. Sin embargo, si a la hora de predicar, nos centramos solo en este último aspecto, entonces correríamos el riesgo de llevar un mensaje de condenación en momentos donde ya hay suficiente dolor. Así que la responsabilidad que tenemos es delicada: quienes estamos detrás del púlpito debemos proclamar la verdad de Dios con el mismo temor y temblor que experimentó el apóstol Pablo (1 Co 2:3), siempre teniendo en cuenta la totalidad de las Escrituras (2 Ti 3:16).

No hay duda de que, en momentos de dificultad, de dolor y de sufrimiento hace falta un mensaje de consolación que traiga esperanza. Sin embargo, dependiendo del momento, la confrontación del pueblo con sus desviaciones de la verdad necesita ser abordada también como ya aludimos más arriba. Ambos mensajes fueron predicados por los profetas del Antiguo Testamento, quienes frecuentemente comenzaban confrontando al pueblo con su pecado para luego traer esperanza y consolación a ese mismo pueblo. Es como si no pudiera haber consolación sin lidiar primero con el pecado, sobre todo cuando el pecado ha sido la causa de la situación en medio de la cual se encuentra el pueblo. No obstante, conociendo el estado actual de la iglesia en diferentes regiones de Occidente, creemos que traer un mensaje de esperanza a la iglesia, sin al mismo tiempo traer un mensaje de arrepentimiento, constituiría más bien una hipocresía de parte de los predicadores que estamos al tanto de la condición espiritual del pueblo de Dios en nuestra generación.

Aquellos de nosotros que por razones ministeriales viajamos con cierta regularidad y que continuamente recibimos noticias de diferentes partes del mundo, hemos podido percatarnos de que, en los últimos años, la iglesia evangélica ha abrazado múltiples corrientes antibíblicas e incluso heréticas que se predican desde los púlpitos. Dios no ha pasado por alto el daño producido por esas enseñanzas ni ha olvidado a quienes las han predicado y a quienes se han ido detrás de ellas. De igual manera, tampoco somos ajenos a la falta de integridad financiera con la que se han manejado muchos ministerios que proclaman el evangelio de la prosperidad, el cual hemos denunciado en múltiples ocasiones y en distintos escenarios. Dios no ha olvidado cómo esos predicadores han engrosado sus bolsillos y vaciado los bolsillos de sus seguidores, mientras sacrifican la verdad.

Más aún, para la mayoría de los creyentes no es un secreto cómo en los últimos treinta años una enorme cantidad de líderes cristianos ha exhibido una desconcertante falta de integridad. Muchos de esos hechos han sido pasado desapercibidos a los ojos del mundo, pero lo que el mundo desconoce, Dios lo ha visto claramente y no los ha pasado por alto. Por eso decimos que predicar en tiempos de gran confusión y sufrimiento puede resultar muy complejo porque requiere una dosis de llamado de atención y una dosis de consolación al mismo tiempo. En otras palabras, requieren un mensaje y un mensajero semejante a Cristo, lleno de gracia y de verdad (Jn 1:14).

El pueblo de Dios en medio del dolor y la tragedia

Como es sabido por muchos, las epidemias y pandemias han sido parte de la historia de la humanidad desde el segundo siglo de nuestra era, e incluso podría decirse que desde antes. Algunas fueron tan graves que produjeron la muerte de millones de personas. Tal es el caso de la denominada "gripe española" del año 1918-20, un brote de influenza que provocó la muerte de cincuenta millones de personas. Aún más devastadora fue la "peste bubónica" que acabó con la vida de unos 100 a 200 millones de habitantes entre los años de 1346 y 1353. Como ya habíamos mencionado, en enero de 2020, el mundo se percató de que China se encontraba en medio de un brote epidémico como consecuencia del COVID-19, una enfermedad infecciosa originada por un nuevo coronavirus denominado SARS-COV-2. Sin duda, aquellos fueron tiempos de gran confusión y sufrimiento, lo que llevó a diferentes naciones de la tierra a tomar medidas extremas, pero necesarias en un momento donde se conocía poco o nada acerca de este virus, con el objetivo de contener su impacto y el avance de esta epidemia.

Recordamos estas cosas porque consideramos de suma importancia tener presente que el pueblo de Dios siempre ha tenido que vivir y servir en tiempos turbulentos y bajo circunstancias de gran riesgo para la salud. Estas han azotado a la humanidad sin distinguir de raza, estatus económico, nivel académico, sexo, edad o cualquier otra clasificación que quisiéramos usar. De hecho, en el Antiguo Testamento encontramos relatos de pestilencias que terminaron con la vida de miles de personas, y en medio de todas ellas, con frecuencia se encontraba la nación de Israel, el pueblo escogido por Dios. De modo que, el pueblo de Dios nunca ha quedado exento de ninguna de las calamidades que el mundo ha sufrido. Más aún, en algunas ocasiones, Dios trajo las calamidades específicamente sobre Su pueblo como forma de hacerlos volver al camino, tal como venimos mencionando.

En los tiempos del profeta Amós, el pueblo de Dios estaba muy desviado, plagado de idolatría e inmoralidad sexual. Sin embargo, en el pueblo hebreo había un gran optimismo nacional y una prosperidad financiera que trajo como consecuencia un aumento de la avaricia, cierta hipocresía religiosa y un sentido falso de seguridad. Como consecuencia, Dios habló a través del profeta Amós para revelar las razones por las cuales habían sobrevenido estas calamidades:

"'Hice que pasaran hambre en cada ciudad y que hubiera hambruna en cada pueblo, pero aun así, ustedes no se volvieron a mí', dice el SEÑOR. 'Yo detuve la lluvia cuando sus cosechas más la necesitaban. Envié la lluvia sobre una ciudad pero la retuve en otra. Llovió en un campo, mientras otro se marchitaba. La gente deambulaba de ciudad en ciudad buscando agua, pero nunca había suficiente; pero aun así, ustedes no se volvieron a mí', dice el SEÑOR. 'Arruiné sus cultivos y viñedos con plaga y moho. La langosta devoró todas sus higueras y todos sus olivos; pero aun así, ustedes no se volvieron a mí', dice el SEÑOR. 'Les mandé plagas como las que envié sobre Egipto hace tiempo. ¡Maté a sus jóvenes en la guerra y llevé lejos a todos sus caballos! ¡El hedor de la muerte llenó el aire!, pero aun así, ustedes no se volvieron a mí', dice el SEÑOR". (Am 4:6-10, NTV)

El pueblo se había vuelto tan insensible que ni las grandes calamidades le hicieron volver a los caminos de Dios. Esto sucedió porque con el paso del tiempo el pecado hizo en ellos lo que siempre hace: adormecer la conciencia, persuadir la mente y esclavizar la voluntad. En consecuencia, vivían a espaldas de Dios, tal y como está ocurriendo hoy en día entre muchos que se dicen cristianos.

Según las estadísticas, "cada día, mueren 25.000 personas de hambre y causas relacionadas, incluidos más de 10.000 niños. Se estima que unos 854 millones de personas en todo el mundo están desnutridas y que los altos precios de los alimentos podrían terminar llevando a otros 100 millones a la pobreza y el hambre".[15] Otra fuente estima que unos 15.000-16.000 niños mueren de hambre todos los días, sin que la mayoría preste atención a ellos.[16] Esto significa que en los últimos tres meses han muerto alrededor de 1,5 millones de niños por desnutrición. Estas cifras superan abrumadoramente el número de personas que han muerto por COVID-19, lo que no minimiza el dolor de estas últimas perdidas; simplemente ilustra que el mundo no se alarma hasta que la amenaza nos afecta directamente. Por otro lado, durante ese mismo período (3 meses), a nivel mundial, alrededor de dieciocho millones de vidas han sido masacradas en el vientre de sus madres ante el silencio de las naciones más poderosas del mundo.[17] Tanto los millones de niños muertos por hambre como los millones abortados no pasan desapercibidos en los cielos; como tampoco Dios ha olvidado los pecados de la iglesia y de sus líderes.

---

[15] United Nations Chronicle, "Losing 25,000 to Hunger Every Day": https://www.un.org/en/chronicle/article/losing-25000-hunger-every-day#:~:text=Each%20day%2C%2025%2C000%20people%2C%20including,million%20into%20poverty%20and%20hunger; consultado el 2 de mayo de 2023.

[16] "Hunger Notes": https://www.worldhunger.org/world-child-hunger-facts; consultado el 2 de mayo de 2023.

[17] Aproximadamente 121 millones de embarazos no deseados ocurrieron *cada año* entre 2015 y 2019. De estos embarazos no deseados, el 61 % terminó en aborto. Esto se traduce en setenta y tres millones de abortos por año: "Unintended Pregnancy and Abortion Worldwide", marzo 2022, Hoja de datos del Instituto Guttmacher: https://www.guttmacher.org/fact-sheet/induced-abortion-worldwide?gad=1&gclid=EAIaIQobChMIqaf5zMrW_gIVX_LjBx02sww_EAAYASAAEgIfFPD_BwE; consultado el 2 de mayo de 2023.

Si Dios se hiciera de la vista gorda ante los males de Su pueblo y de la sociedad en general, no sería digno de adoración; pero ese no es el caso. Dios siempre ha traído o permitido dificultades para llamar al incrédulo a un encuentro con Él o para disciplinar y santificar a Su pueblo. Por tanto, si en tiempos turbulentos nos limitáramos a predicar consolación exclusivamente, probablemente estaríamos desperdiciando una de las mejores oportunidades que Dios podría darnos para instar a la reflexión y al arrepentimiento, y para incentivar a ese mismo pueblo a compartir las buenas nuevas de salvación.

La realidad antes descrita es tan abrumadora y los males del mundo tan numerosos y grandes que la iglesia de Cristo podría sentirse abrumada e incapaz de responder ante tanto dolor y sufrimiento. Sin duda, a veces sentimos desorientados ante las grandes amenazas que enfrentan tanto la sociedad como la iglesia de Cristo, pero en la Palabra de Dios encontramos sabiduría y dirección para tiempos turbulentos.

El llamado de Dios para este tiempo

Ante los acontecimientos que ha enfrentado el mundo en los últimos años, tales como pandemias, guerras, apostasía y un declive moral sin precedentes, consideramos oportuno reflexionar sobre un par de versículos separados en el relato bíblico, pero que aparecen en el mismo libro. Estos pueden ayudarnos a tener una mejor perspectiva en términos de cuál debe ser la reacción del pueblo de Dios en momentos de gran dificultad, confusión y sufrimiento.

El primero se encuentra en 2 Crónicas 20:20, que dice:

> "Se levantaron muy de mañana y salieron al desierto de Tecoa. Cuando salían, Josafat se puso en pie y dijo: 'Óiganme, Judá y habitantes de Jerusalén, confíen en el SEÑOR su Dios, y estarán seguros. Confíen en Sus profetas y triunfarán'". (2 Cr 20:20)

En ese entonces, el pueblo judío estaba siendo amenazado por un gran ejército que venía contra ellos. Los amonitas y los moabitas se dirigían a pelear contra el rey Josafat, quien recibió noticia que una gran multitud venía contra él. Ante este anuncio ve la reacción de Josafat:

"Josafat tuvo miedo y se dispuso a buscar al SEÑOR, y proclamó ayuno en todo Judá. Y Judá se reunió para buscar ayuda del SEÑOR; aun de todas las ciudades de Judá vinieron para buscar al SEÑOR". (2 Cr 20:3-4)

Josafat tuvo temor ante la amenaza que se cernía sobre él, pero en lugar de sucumbir ante el miedo, Josafat "se dispuso a buscar al SEÑOR, y proclamó ayuno en todo Judá" (2 Cr 20:3). Una de los aspectos positivos de la inseguridad es que nos impulsa a buscar a Aquel que controla cada movimiento e incluso cada molécula del universo. Y es que, con toda probabilidad, sin la amenaza de la invasión, Josafat no habría buscado a Dios ni ayunado.

Algo más que podemos observar en este pasaje es que el rey Josafat no actuó de manera individual, sino que toda Judá fue convocada a buscar al Señor y a ayunar. Es decir, la búsqueda de soluciones a nuestros problemas no debe ser un acto individual, sino colectivo. En momentos de dificultad, confusión y sufrimiento, la iglesia de Cristo debe ser convocada a la oración y al ayuno en conjunto.

El segundo libro de Crónicas relata que "Josafat se puso en pie en la asamblea de Judá y de Jerusalén, en la casa del SEÑOR, delante del atrio nuevo, y dijo: 'Oh SEÑOR, Dios de nuestros padres, ¿no eres Tú Dios en los cielos? ¿Y no gobiernas Tú sobre todos los reinos de las naciones? En Tu mano hay poder y fortaleza y no hay quien pueda resistirte'" (2 Cr 20:5-6). En otras palabras, Josafat reconoció públicamente la grandeza, la soberanía y el poder de Dios. Además, reconoció el hecho de que nadie puede oponerse a los planes y propósitos de Dios. Por eso dijo: "Si viene mal sobre nosotros, espada, juicio, pestilencia o hambre, nos presentaremos delante de esta casa y delante de Ti (porque Tu nombre está en esta casa), y clamaremos a Ti en nuestra angustia, y Tú oirás y nos salvarás'" (2 Cr 20:9). Ante la amenaza inminente, la primera reacción de Josafat fue acudir a Dios. De la misma manera, si se nos presenta alguna calamidad, nuestra primera reacción como creyentes debe ser presentarnos delante de nuestro Dios.

Por otro lado, este pasaje nos revela que el rey estaba confiado en que Dios escucharía su oración. No porque el pueblo merecía que Dios hiciera algo por ellos, sino porque esa nación era conocida como el pueblo de Dios y eso implicaba que el honor del nombre de Dios estaba en juego. Una mala reputación del pueblo podría reflejarse en el nombre de Dios. Así, si Dios iba a actuar, lo haría por el honor de Su propio nombre.

Por último, el rey Josafat exclamó:

"Oh Dios nuestro, ¿no los juzgarás? Porque no tenemos fuerza alguna delante de esta gran multitud que viene contra nosotros, y no sabemos qué hacer; pero nuestros ojos están vueltos hacia Ti". (2 Cr 20:12)

Esas fueron las palabras de Josafat ante el peligro inminente, y esas deben ser también nuestras palabras y nuestra actitud en tiempos de dificultad. En medio de la incertidumbre y el temor, el pueblo hebreo tenía dos opciones: llenarse de pánico o confiar en Dios. Ellos eligieron la segunda opción, por eso Josafat dijo: "No sabemos qué hacer; pero nuestros ojos están vueltos hacia Ti" (2 Cr 20:12).

En el Antiguo Testamento observamos que el pueblo de Dios siempre tuvo que enfrentar enemigos numerosos. En varias ocasiones, ellos trataron de librar la batalla con sus propias fuerzas, pero terminaron huyendo llenos de pavor. En otras, buscaron a Dios de manera encarecida, ayunando y orando fervientemente, y Dios los escuchó. La expresión "nuestros ojos están vueltos hacia Ti" es otra forma de decir: "Dios, nosotros hemos confiado en Ti, en Tu poder, en Tu fidelidad y en Tu amor por nosotros. Reconocemos que Tú puedes hacer lo que ninguno de nosotros puede hacer. En Ti confiamos, oh Dios". Así oró el rey Josafat junto a todo el pueblo, y Dios escuchó su oración y los libró de aquella invasión, dándoles la victoria.

Al leer esto, algunos pueden preguntarse cómo pueden volver sus ojos a Dios. Si verdaderamente han estado andando por caminos de oscuridad, de falsedad, de doble moral y de todo tipo de iniquidad, ¿cómo han de volver los hijos de Dios al camino de la luz? La respuesta a esa pregunta la encontramos en un pasaje bíblico que aparece en el mismo libro que hemos estado citando. En 2 Crónicas 7:12-14 se encuentra una promesa que fue dada a la nación de Israel en un momento particular en que Dios quería mostrar Su fidelidad al pacto que había hecho con Abraham, Isaac y Jacob. Esa promesa quizás no esté vigente hoy en día de manera literal para cada nación, como lo estuvo para la nación de Israel en aquel entonces, pero entendemos que las verdades y principios detrás de la promesa a Israel encuentran aplicación en la iglesia de nuestros días, aunque no de la misma manera. En aquella ocasión, el cumplimiento de dicha promesa fue reservado específicamente para la nación hebrea y no para todas las demás naciones. Las historias escritas en el Antiguo Testamento fueron registradas para nuestra enseñanza (1 Co 10:11), así que es sabio y apropiado determinar cuál es la enseñanza de dicho texto para la iglesia de hoy.

Veamos entonces lo que dice la Palabra de Dios en el segundo libro de Crónicas:

> "Y el Señor se apareció a Salomón de noche y le dijo: 'He oído tu oración, y he escogido para Mí este lugar como casa de sacrificio. Si cierro los cielos para que no haya lluvia, o si mando la langosta a devorar la tierra, o si envío la pestilencia entre Mi pueblo, y se humilla Mi pueblo sobre el cual es invocado Mi nombre, y oran, buscan Mi rostro y se vuelven de sus malos caminos, entonces Yo oiré desde los cielos, perdonaré su pecado y sanaré su tierra'". (2 Cr 7:12-14)

Esa era la segunda vez que Dios se apareció a Salomón durante la noche. La primera vez ocurrió muchos años antes, cuando Dios dijo a Salomón: "Pide lo que quieras que Yo te dé" (1 R 3:5). Salomón se limitó a pedir solamente sabiduría, pero Dios le concedió mucho más. En esta segunda ocasión que acabamos de mencionar, Dios se apareció a Salomón para garantizarle que su oración previa había sido escuchada. Después de hacer eso, Dios procede a describir una serie de calamidades que podrían sobrevenir a la nación hebrea; pero a la vez le informa a Salomón que, si el pueblo escogía volverse de sus malos caminos, Él prometía poner un alto a dichas calamidades, perdonar su pecado y sanar la tierra.

Como ya hemos mencionado, esa fue una promesa hecha a la nación de Israel y su cumplimiento no se daría de la misma manera en nosotros hoy. No obstante, los principios detrás de este pasaje son extremadamente válidos para la iglesia de nuestros días y para el liderazgo de esa iglesia que se ha desviado de la Verdad. En ese sentido, el versículo a destacar es el siguiente:

> "Y se humilla Mi pueblo sobre el cual es invocado Mi nombre, y oran, buscan Mi rostro y se vuelven de sus malos caminos, entonces Yo oiré desde los cielos, perdonaré su pecado y sanaré su tierra". (2 Cr 7:14)

Reflexionemos detenidamente sobre este versículo:

La integridad del nombre de Dios

En primer lugar, observemos que Dios se dirige a un pueblo en particular para llevar a cabo acciones específicas. Dios los llama "Mi pueblo sobre el cual es invocado Mi nombre". Si aplicáramos esta frase al momento actual, ese pueblo correspondería a la iglesia, en particular a aquellos que han sido redimidos por la sangre de Cristo y, por consiguiente, han nacido de nuevo. Ese es el pueblo sobre el cual se invoca el nombre de Dios. Por eso, cuando el pueblo cristiano ora, frecuentemente lo hace en nombre de Cristo.

La razón por la que Dios se refiere específicamente al pueblo sobre el cual se invoca Su nombre es porque ese pueblo es el único que puede interceder ante el trono de Dios para pedir Su intervención. El hombre y la mujer que no conocen a Dios, al orar, lo único que pueden hacer es una oración de arrepentimiento pidiendo perdón a Dios por sus pecados, para luego entregar su vida al Señor Jesucristo.

Otra razón por la que Dios se refiere al pueblo sobre el cual se invoca Su nombre es que, cuando Dios se identifica con un grupo de personas, tiene la integridad de Su nombre invertida en dichas personas. En otras palabras, Dios podría hacer algo por Su pueblo en un momento dado, no porque el pueblo merezca que algo sea hecho en su favor, sino con el propósito de salvaguardar la reputación e integridad de Su nombre. Por eso, en Salmo 23, el rey David afirma lo siguiente: "Él restaura mi alma; me guía por senderos de justicia por amor de Su nombre" (Sal 23:3). David sabía que su andar no había sido completamente íntegro y que la única razón por la que Dios lo había restaurado fue por amor a Su nombre.

El pueblo de Dios del Antiguo Testamento, aun contando con menos revelación de la que nosotros hemos recibido, llegó a entender grandes verdades que la iglesia de hoy necesita entender. En la época de la conquista de la tierra prometida, Josué se sintió descorazonado después de la primera derrota del pueblo hebreo en Hai. Esta había ocurrido como consecuencia del robo de Acán de un lienzo babilónico, dos kilos de plata y un lingote de oro del botín que los israelitas tomaron durante la invasión de Jericó, algo que Dios mismo había prohibido. Ante tal situación, Josué intercedió ante Dios pronunciando las siguientes palabras:

> "Porque los cananeos y todos los habitantes de la tierra se enterarán de ello, y nos rodearán y borrarán nuestro nombre de la tierra. *¿Y qué harás Tú por Tu gran nombre?*". (Jos 7:9, énfasis añadido)

Josué estaba consciente de que la acción pecaminosa de Acán había comprometido la santidad del nombre de Dios, quien les había prometido entregar la tierra en sus manos. Esa fue la razón de su derrota en Hai. Por eso, Josué le pide al Señor que intervenga, no por el pueblo que había pecado, sino por la reputación del nombre de Dios ante los demás pueblos. De igual manera, Dios ha puesto Su nombre sobre la iglesia y, cuando esta no camina en integridad de corazón, compromete la santidad del nombre de Dios ante el mundo inconverso que la observa. Es lamentable ver cómo la iglesia de nuestros días ha comprometido el nombre de Dios de múltiples maneras: en la predicación, en los estilos de vida de sus líderes y seguidores, en la superficialidad de la adoración, en el manejo de sus finanzas, y de muchas otras formas.

Ciertamente, la iglesia ha deshonrado la integridad y la santidad del nombre de Dios, y tenemos la impresión de que Dios está usando los tiempos de dificultad que atraviesa Su pueblo para honrar lo que, como iglesia, no hemos sabido cuidar.

La necesidad de humillarnos delante de Dios

La primera enseñanza de 2 Crónicas 7:14 es la necesidad de humillación por parte del pueblo de Dios. La manera que el pueblo hacía esto en la antigüedad era ayunando y vistiéndose de cilicio, es decir, cubriéndose de polvo y ceniza como una señal externa de lo que, se suponía, estaba ocurriendo en su interior: arrepentimiento por sus pecados. Así que *nuestra primera actitud debe ser una de arrepentimiento*. Debemos arrepentirnos de nuestro pecado de orgullo; de pretender ser algo que no somos; de proclamar algo que no vivimos; de afirmar con nuestros labios lo que nuestro corazón realmente no siente y de vivir con una máscara frente al mundo ocultando nuestro verdadero yo. Tanto Daniel (cap. 9) como Nehemías (cap. 1) oraron a Dios estando en el exilio, diciendo: "Yo y mi pueblo hemos pecado contra Ti". Reconocieron que el exilio había sido el resultado de la desobediencia del pueblo.

En ocasiones, *Dios permite circunstancias dolorosas con el único propósito de utilizarlas para destruir nuestro orgullo y hacernos más humildes*. La manera en que Dios lo hace es mostrándonos cuán vulnerables e indefensos somos ante, por ejemplo, un simple virus, y cuánto temor experimentamos ante la posibilidad de enfermarnos y perder la vida. El ser humano se intimida fácilmente cuando pierde el control. Lo único que le da seguridad al ser humano es sentirse en control de sus circunstancias, cuando en realidad nunca lo ha estado, porque nuestro Dios es quien gobierna desde los cielos (Dn 4:26; Neh 2:20).

La necesidad de la oración

Ahora bien, en el texto de 2 Crónicas 7:14, *Dios primero nos llama a humillarnos y luego a orar*. Dios sabe que la principal característica del orgullo no es la oración, sino el control, la maquinación, la manipulación, la autoprotección, la justificación y la independencia. Entonces resulta que los tiempos turbulentos nos brindan una excelente oportunidad para retirarnos, hacer introspección, humillarnos ante Dios y orar. No obstante, nuestra principal oración en tiempos de gran tribulación y sufrimiento no debe ser que Dios elimine las tribulaciones, sino que la tribulación no cese sin antes cumplir en nosotros el propósito para la cual fue permitida en primer lugar. Los tiempos de crisis mundial, por ejemplo, suelen llevar a muchos hijos de Dios a orar fervientemente por su condición interior; por la condición de los líderes del pueblo de Dios; por las ovejas desviadas y poco santificadas; por las autoridades en funciones que deben tomar decisiones difíciles y por las naciones en general.

Alguien decía que "la oración es una ofrenda de nuestros deseos a Dios, por cosas agradables a Su voluntad, en el nombre de Cristo, con una confesión de nuestros pecados y un reconocimiento agradecido por Sus misericordias".[18] Por su parte, E. M. Bounds, autor norteamericano conocido por su gran vida de oración, afirmó lo siguiente: "La oración depende absolutamente de la fe. Virtualmente, no tiene existencia fuera de ella y no logra nada a menos que sea su compañero inseparable. La fe hace que la oración sea eficaz y, en cierto sentido importante, debe precederla".[19]

Santiago nos exhorta a orar de la siguiente manera:

> "Pero que pida con fe, sin dudar. Porque el que duda es semejante a la ola del mar, impulsada por el viento y echada de una parte a otra. No piense, pues, ese hombre, que recibirá cosa alguna del Señor, siendo hombre de doble ánimo, inestable en todos sus caminos". (Stg 1:6-8)

De manera que E. M. Bounds solo estaba interpretando lo que Santiago ya había dicho en la epístola que lleva su nombre. Los tiempos turbulentos son momentos idóneos para ejercitar la fe y cultivar la confianza en el Dios que controla cada molécula del universo.

---

[18] Murray G. Brett, *Growing Up in Grace* (Grand Rapids: Reformation Heritage Books, 2009), p. 122.
[19] E. M. Bounds, *The Necessity of Prayer*, cap. 2, "Prayer and Faith", versión Kindle, pp. 18 de 104.

La necesidad de buscar Su rostro y regresar a Dios

Por otro lado, 2 Crónicas 7:14 nos recuerda que *además de humillarnos y orar, Dios espera que busquemos Su rostro*. Y buscar el rostro de Dios es buscar la presencia de Dios. En el Antiguo Testamento, el pueblo hebreo frecuentemente es llamado a buscar el rostro de Dios porque continuamente su tendencia fue abandonar sus caminos. Por eso, en Salmos 105:4, el salmista nos exhorta a buscar el rostro de Dios continuamente. El problema es que nuestra condición de criatura tiende a ocultar el carácter del Creador y nuestros deseos pecaminosos tienden a ocultar los deseos de Dios para con nosotros. Por tanto, cuando buscamos el rostro de Dios lo que estamos tratando de hacer es justamente no ocultar al Creador y no permitir que nuestros deseos carnales puedan empañar los deseos que el Creador ha puesto en nosotros desde el momento de nuestro nuevo nacimiento.

El deseo de Dios es que Su presencia manifiesta sea nuestra compañía

El Señor desea acompañarnos en cada experiencia de la vida. Él quiere ser conocido tanto como sea posible de este lado de la gloria. Por tanto, nuestro anhelo debiera ser que Dios sea nuestra compañía en las buenas y en las malas. Como Moisés, debiéramos preferir no movernos si Dios no va a ir con nosotros en el camino (Éx 33:15-16). De hecho, la paz del creyente no depende tanto de la oración, sino del sentido de la presencia de Dios mientras está orando o después de haber orado.

Al orar, nuestra búsqueda nunca debe ser la solución de un problema o circunstancia en particular, sino la búsqueda del Señor que gobierna sobre nuestros problemas y circunstancias. El mayor problema de la humanidad no es físico, sino espiritual. Hemos oído que cada día, unas cincuenta mil personas mueren sin nunca haber oído el evangelio de Cristo. Esto implica que unas dos mil personas pasan a la condenación eterna cada hora, para un total aproximado de dieciocho millones de personas al año.[20] Esta cifra no incluye a aquellas personas que mueren habiendo

[20] https://discipleallnations.wordpress.com/2014/02/28/how-many-people-die-each-day-without-hearing-the-gospel.

escuchado el evangelio, pero sin recibirlo. Sin duda, el problema del pecado es mayor que cualquier otro, no solo en términos de números, sino en términos de la eternidad, y solo en Cristo está la solución.

Finalmente, en 2 Crónicas 7:14 Dios promete que, si Su pueblo se vuelve de sus malos caminos, Él oirá desde los cielos, perdonará su pecado y sanará la tierra. Como ya aludimos, el contexto de este versículo tiene que ver con la nación de Israel y una promesa que Dios le hizo en un momento determinado de sanar toda la tierra si el pueblo experimentaba un arrepentimiento nacional. En el día de hoy, nosotros no tenemos la misma promesa porque ninguna nación está bajo el mismo pacto que Israel tuvo con Dios. Entendemos necesario volver a enfatizar este punto para que nadie tome nuestras enseñanzas sobre este versículo como algo que está fuera de contexto. Por el contrario, lo que hemos tratado de hacer es exponer las verdades contenidas en dicho versículo para ver de qué manera estas se aplican a la realidad de la iglesia, que hoy constituye el pueblo de Dios.

Reflexión final

Sin duda, a lo largo de los siglos, la tendencia de la iglesia cristiana, sobre la cual se invoca el nombre de Dios, ha sido desviarse de los caminos del Dios redentor. Eso explica por qué el llamado continuo de los profetas del Antiguo Testamento y de la gran mayoría de las cartas del Nuevo Testamento es a regresar a los caminos de Dios:

- a desvestirnos del viejo hombre para poder vestirnos de nuevo hombre (Ef 4:22-24);
- a salir de en medio de la cultura secular, tal como Pablo exhorta a los corintios (2 Co 6:17);
- a acercarnos a Dios para que Él se acerque a nosotros, como dice Santiago a sus lectores (Stg 4:8);
- a no abandonar el verdadero evangelio, como instruye Pablo a los gálatas (Gá 1:6-9);
- a no abrazar falsas filosofías, como Pablo mismo enseña a los colosenses (Col 2:8);

- a no abandonar el primer amor, como Juan le recuerda a la iglesia de Éfeso (Ap 2:3-5);
- a no confiar en las riquezas, como el mismo Juan le pide a la iglesia de Laodicea (Ap 3:14-18);
- a permanecer fiel y perseverar en el camino como evidencia de que verdaderamente somos salvos, según Juan escribe en su primera carta (1 Jn 2:19);
- a permanecer fiel en medio del fuego de la prueba, como Pedro escribe en su primera carta (1 P 1:6-8); y
- a no prestar atención a los falsos maestros, como el mismo Pedro escribe en su segunda carta (2 P 2:1-22), al igual que lo hace Judas (vv. 3-4).

Si nos humillamos como iglesia, oramos, buscamos Su rostro y nos volvemos de nuestros malos caminos, ciertamente no tenemos la garantía que Dios dio a Israel de que sanaría la tierra. Sin embargo, sin estas cuatro condiciones, no podemos contar con el favor de Dios, pues la Escritura declara que Dios se opone al orgulloso. De ahí la necesidad de humillarnos ante de Él.

Recordemos que la Biblia afirma que no tenemos por qué no pedimos (Stg 4:2), que es otra forma de decir que no tenemos porque no oramos. Si la iglesia de Dios no está orando, y sabemos que esta es un área deficiente en la vida de muchos creyentes, entonces no obtendremos aquellas bendiciones que solo provienen de Dios.

Por otro lado, Dios ha revelado que la única manera de que Él se acerque a nosotros es si nosotros nos acercamos a Él (Stg 4:8), y de ahí la necesidad de buscar Su rostro continuamente.

Por último, en Apocalipsis 2-3, vemos como Cristo llama a cinco de las siete iglesias de Asia Menor a arrepentirse y abandonar sus malos caminos; de lo contrario, Él les retiraría su candelabro. Si bien humillarnos, orar, y el arrepentimiento no garantizan que Dios sane la tierra, como Dios le prometió a Israel (1 Cr 7:14), es indudable que sin todo lo anterior, Dios no visitará su iglesia de manera especial, que es lo que deseamos.

Como afirmamos al principio, estas verdades son difíciles de predicar en tiempos de gran dificultad, confusión y sufrimiento porque requieren un llamado a la atención con sentido de urgencia y al mismo tiempo una dosis de consolación. No olvidemos que nuestra mayor consolación está en el hecho de que, aunque a veces Dios decide no librarnos de tiempos turbulentos, no hay dudas de que Él visita a Su iglesia cuando su pueblo responde adecuadamente ante las circunstancias calamitosas, tal como lo hicieron Josafat y Josué, quienes confiaron en que Dios honraría la integridad de Su gran nombre. Que Dios no diga de nosotros lo que dijo del pueblo de Israel en tiempos de Malaquías:

> "'¡Oh, si hubiera entre ustedes quien cerrara las puertas para que no encendieran Mi altar en vano! No me complazco en ustedes', dice el Señor de los ejércitos, 'ni de su mano aceptaré ofrenda'". (Mal 1:10)

El pueblo había comprometido la santidad del nombre del Señor ofreciendo sacrificios defectuosos, contrarios a lo estipulado por Dios. Los hombres y probablemente incluso los sacerdotes habían quebrantado el pacto al ser infieles a sus esposas, y toda la nación estaba robando a Dios en sus diezmos y ofrendas. La calidad de la adoración por parte del pueblo de Dios había decaído hasta tal punto que Dios prefería que alguien cerrara las puertas del templo.

Es nuestra oración que la iglesia de Cristo busque fervientemente a Dios en tiempos de dificultad, y que esos sean tiempos extremadamente provechosos para alcanzar una intimidad con el Señor, quien controla todo cuanto sucede en Su universo y cuyos ojos recorren toda la tierra para fortalecer a aquellos cuyo corazón es completamente Suyo (2 Cr 16:9a).

3

FE EN TIEMPO DE CONFUSIÓN

"Aunque la higuera no eche brotes, ni haya fruto en las viñas; aunque falte el producto del olivo, y los campos no produzcan alimento; aunque falten las ovejas del redil, y no haya vacas en los establos, con todo yo me alegraré en el Señor, me regocijaré en el Dios de mi salvación. El Señor Dios es mi fortaleza; Él ha hecho mis pies como los de las ciervas, y por las alturas me hace caminar". **Hab 3:17-19**

Para nadie es un secreto que, en la actualidad, en todo el mundo existe una gran preocupación debido a múltiples factores:

- la pandemia del COVID-19 y sus efectos;
- los desaciertos en resoluciones recientes sobre la ideología de género;
- las decisiones relacionadas con la definición de matrimonio y familia;
- los debates sobre el alcance del control gubernamental sobre los individuos;
- los problemas migratorios;
- los conflictos raciales.

Si a todo lo anterior le agregamos la masiva descomposición social; la violencia generalizada, la erosión del respeto a la dignidad humana prácticamente en todos los ámbitos, y la mala información y desinformación, no es extraño que abunde la confusión en la población. La realidad es que tanto cristianos como no cristianos parecen estar abrumados por el pánico de nuestra época. Humanamente hablando, hay sobradas razones para experimentar dicho pánico; sin embargo, desde una perspectiva celestial, el pánico no es bíblico, ya que nuestro Dios sigue en Su trono, dirigiendo el curso de las naciones, sin alterarse ni sorprenderse. La historia marcha conforme al plan y la dirección de Dios y así continuará hasta el final. Es en momentos como estos que nuestro Dios ha dicho: "Estén quietos, y sepan que Yo soy Dios" (Sal 46:10).

Recuerda: tu futuro puede ser desconocido para ti, pero no es incierto porque ya está en manos de nuestro Dios.

En medio de este caos que acabamos de describir, Dios quiere que Su pueblo viva por fe y no por predicciones humanas sobre el futuro. En medio de esta confusión decimos que creemos, pero llegada la prueba descubrimos que nuestra fe no es tan sólida como pensábamos. Lo que afirmamos como nuestra "teología confesional" no siempre coincide con lo que vivimos día a día, que sería nuestra "teología funcional". Y esta última no es tan ortodoxa como la primera. En última estancia, como vivimos es lo que verdaderamente creemos. Muchas veces Dios permite las dificultades para sacudir nuestra fe, para probar nuestras convicciones y fortalecer nuestro caminar.

La fe que nos sostiene es una fe que ha sido sacudida y refinada por el fuego.

Recuerde que el hecho de que nuestra fe sea sacudida no implica que Dios se haya olvidado de nosotros, ni que Dios haya dejado de ser bondadoso, ni que haya dejado de ser misericordioso. Simplemente significa que Dios es Dios y Sus caminos son inescrutables.

Hoy las preguntas abundan, la confusión reina y el desasosiego aumenta. Todos esos cambios mencionados han empujado al mundo cada vez más lejos de Dios, más cerca del abismo y, por lo tanto, más cerca del retorno de nuestro Señor Jesucristo. Es muy obvio que vivimos en un mundo donde predominan el dolor, el sufrimiento, la violencia, las desigualdades, las injusticias, los prejuicios, los privilegios y los abusos. Todo ello lleva a muchos a cuestionar la existencia de Dios y que muchos cristianos cuestionen el carácter de divino.

En este capítulo queremos hablar de un profeta de Dios, cuyo nombre es Habacuc, quien vivió en un mundo similar al nuestro, hace unos 2500 años. Sus tiempos fueron similares a los nuestros, con la excepción de que en su tiempo no hubo una pandemia como la que combatimos recientemente (2019-2023). Sin embargo, sí existía —y continúa existiendo— una pandemia aún peor: la del pecado y la maldad. Esa pandemia supera con creces los daños que pudo haber causado la reciente pandemia del COVID-19.

Habacuc ha sido considerado como un profeta contemporáneo de Jeremías, Sofonías, Ezequiel y Daniel, aunque comenzó a profetizar antes que ellos. Habacuc probablemente profetizó después de la caída de Nínive en manos de los babilonios y antes de la primera invasión del reino de Judá por parte de Nabucodonosor en el año 605 a. C. El nombre Habacuc, que significa "abrazar", aparece en el primer versículo del libro que lleva su nombre y una vez más en Habacuc 3:1. El libro podría titularse "Los lamentos de Habacuc" o "La confusión de Habacuc y sus diálogos con el Señor". Habacuc sigue la estructura tradicional de los libros proféticos:

1. Judá ha roto el pacto y "ha violado Mi ley".
2. Si no hay arrepentimiento, vendrá el juicio.
3. Aun después del juicio, hay esperanza.

Un profeta confundido

El profeta comienza a escribir un tanto perplejo, confundido, sacudido en su fe, y termina afianzado, confiado y convencido en medio de la confusión. El libro comienza con una pregunta que es prácticamente una queja: el profeta no puede creer que Dios pudiera mirar toda la injusticia que estaba ocurriendo en Judá y no hacer absolutamente nada para juzgar y cambiar la situación. El reino del Norte de Israel, compuesto por diez tribus, se había derrumbado moralmente y había sido llevado al exilio por el Imperio asirio. El reino del Sur, compuesto por las dos tribus restantes (Judá y Benjamín), siguió el mismo camino. Allí, la violencia, las injusticias y la inmoralidad sexual abundaron. Dios acusa a la nación de ser una prostituta, llegando a decir que, debajo de cada árbol frondoso, Israel y Judá "abrieron las piernas" para fornicar con cualquiera que pasara, haciendo referencia a los altares que ellos construyeron para rendir culto a dioses falsos (Is 57:5; Jr 3:6; Ez 20:27-28).

A este profeta le tocó vivir un tiempo de mucha confusión, como ya hemos dicho y, de hecho, él mismo, como atalaya de Dios, se encontraba en medio de la confusión por más de una razón. Su primer dilema radica en que Dios parecía no estar haciendo absolutamente nada ante las injusticias cometidas por Su propio pueblo. Veamos cómo Habacuc expresa su confusión al observar lo que estaba sucediendo a su alrededor:

> "¿Hasta cuándo, oh SEÑOR, pediré ayuda, y no escucharás? Clamo
> a Ti: '¡Violencia!'. Sin embargo, Tú no salvas. ¿Por qué me haces
> ver la iniquidad, y me haces mirar la opresión? La destrucción y
> la violencia están delante de mí, hay rencilla y surge la discordia.
> Por eso no se cumple la ley y nunca prevalece la justicia. Por-
> que el impío asedia al justo; por eso sale pervertida la justicia".
> (Hab 1:2-4)

Habacuc estaba desconcertado y lleno de preguntas. No soportaba la aparente indiferencia de Dios ante la iniquidad de sus días. Como profeta, sabía que cualquier violación de la ley de Dios requería un juicio; por tanto, no entendía cómo Dios, en toda Su santidad, parecía estar pasando por alto el pecado de Judá. Por eso Habacuc afirma del Señor: "Muy limpios son Tus ojos para mirar el mal, y no puedes contemplar la opresión" (Hab 1:13a). Con esta observación, Habacuc parece decir: "Si yo no tolero lo que veo, ¿por qué Tú, Dios, siendo tan puro, no haces nada?". En aquellos tiempos, Habacuc necesitaba recordar las palabras del salmista: "Nuestro Dios está en los cielos; Él hace lo que le place" (Sal 115:3). Y hoy en día, los hijos de Dios necesitamos recordar lo mismo. Nuestro Dios está en Su trono observando todo lo que está ocurriendo, y Él hace todo lo que le place, siempre en congruencia con el mayor bien que puede aportar a una humanidad que se ha rebelado contra Él, pero a la que Dios está tratando de guiar por el mejor camino para que se cumpla Su propósito en ella.

Este versículo que acabamos de citar hace que teólogos como Norman Geisler consideren que el tema central del libro de Habacuc es la santidad de Dios. Esta santidad es reivindicada por el Señor cada vez que esta es pisoteada, como veremos más adelante.

El profeta pensó que sus preguntas eran buenas. Sin embargo, a Habacuc no le gustó la respuesta de Dios. Él esperaba que Dios mismo abordara la injusticia y la inmoralidad de Judá; en cambio, Dios le hace saber que juzgaría el pecado de Judá levantando a un pueblo pagano y sanguinario como instrumento de justicia contra aquel pueblo en cuyo nombre se invocaba a Jehová. Además, Dios le dijo a Habacuc que cuando todas estas cosas ocurrieran quedaría asombrado y apenas podría creerlo.

Habacuc preguntó y Dios le dijo:

"El Señor respondió: 'Observen las naciones; ¡mírenlas y asómbrense! Pues estoy haciendo algo en sus propios días, algo que no creerían aun si alguien les dijera. Estoy levantando a los babilonios, un pueblo cruel y violento. Marcharán por todo el mundo y conquistarán otras tierras. Son reconocidos por su crueldad y hacen lo que se les antoja. Sus caballos son más veloces que guepardos y más feroces que lobos al anochecer. Sus jinetes arremeten desde lejos. Como águilas, se lanzan en picada para devorar a sus presas. Vienen sin tregua, decididos a la violencia. Sus multitudes avanzan como el viento del desierto, barriendo cautivos a su paso como si fueran arena'". (Hab 1:5-9, NTV)

El profeta se quejaba porque no entendía cómo un Dios santo podía tolerar la injusticia que reinaba dentro de Su propio pueblo y ese Dios santo le respondió diciendo que usaría a un pueblo aún más pecaminoso como instrumento de Su justicia. Como resultado, Habacuc terminó aún más confundido y su confusión quedó plasmada en la siguiente pregunta: "¿Guardarás silencio mientras los perversos se tragan a gente más justa que ellos?" (Hab 1:13b, NTV). En otras palabras, Habacuc estaba asombrado de que un pueblo tan pecaminoso y cruel como los babilonios fuera a ser usado por Dios para juzgar a una nación menos pecaminosa que ellos. Esta fue la segunda causa de confusión para el profeta; la primera causa fue la aparente tolerancia de Dios hacia la descomposición moral del pueblo de Judá. No olvidemos lo que Dios reveló a través del profeta Isaías: "Mis pensamientos no son los pensamientos de ustedes, ni sus caminos son Mis caminos" (Is 55:8). Nosotros y nuestras circunstancias no somos la medida con la que se evalúa a Dios. El amor, la misericordia y la gracia de Dios no se miden ni se pesan en una balanza según lo que nos acontezca. ¡No! Dios es quien es, incluso si un viento recio arrastra la casa donde nuestros diez hijos están celebrando, como le aconteció a Job. Y cuando eso suceda, la única reacción lógica, dado quién es Dios, sería postrarnos en tierra y decir: "Jehová dio y Jehová quitó, bendito sea el nombre del SEÑOR". Dios es santo, justo y bondadoso independientemente de lo que nuestros ojos puedan ver. Debemos ajustar nuestro pensamiento y renovar nuestra mente de acuerdo a lo que Dios ha revelado en Su Palabra

La teología de Habacuc distaba mucho de cómo Dios concibe y obra todas las cosas conforme al consejo de Su voluntad. Y así nos ocurre a nosotros. Frecuentemente queremos:

- Que Dios obre en nuestro tiempo.
- Que Dios haga lo que nosotros haríamos.
- Que Dios sea tan benevolente como para pasar por alto nuestras iniquidades y castigar las iniquidades de los demás.

El libro de Habacuc no trata sobre la vida del profeta Habacuc. Tampoco es acerca de las injusticias cometidas por la nación de Judá ni de la crueldad de los babilonios. Este libro es acerca de Dios y Su carácter. Se trata del Dios santo cuyos ojos son tan puros que no pueden ver el mal ni la opresión, y del Dios justo que no deja impune al culpable.

Trata acerca de un Dios que:

- En la espera, revela Su paciencia y misericordia.
- En la justicia, revela Su santidad.
- Al preservar a los Suyos en medio del caos, revela Su amor especial por Sus ovejas.

Habacuc pregunta y Dios responde

Habacuc fue un profeta distinto a los demás. Mientras que otros profetas le hablaron al pueblo de parte de Dios, Habacuc dialoga directamente con Él, expresando su frustración y confusión. Habacuc describe las circunstancias en las que está viviendo y le pregunta a Dios hasta cuándo tendría que sufrir, presenciando tanta violencia, injusticia e inmoralidad. Habacuc pregunta y Dios responde. Pero a Habacuc no le gustó la respuesta de Dios y entonces, en vez de preguntar, decidió esperar:

"Estaré en mi puesto de guardia, y sobre la fortaleza me pondré; velaré para ver lo que Él me dice, y qué he de responder cuando sea reprendido". (Hab 2:1)

Habacuc recibe una primera respuesta de parte de Dios: Él destruirá a Su propio pueblo. El ejército de Nabucodonosor vendrá y se llevará al exilio a los judíos, causando una gran destrucción e incluso llevándose hasta los vasos de oro y las cosas sagradas del templo. Esto ocurrió en tres ocasiones diferentes: en el 605 a. C., en el 597 a. C. y en 586 a. C. ¿Quién sobreviviría a algo semejante? Pero Dios revela a Habacuc que "el justo por su fe vivirá" (Hab 2:4), una frase clave en la teología paulina que aparece en Romanos 1:17, Gálatas 3:11 y Hebreos 10:38. En otras palabras, la fe del pueblo remanente es lo que les garantizará permanecer a salvo a pesar de la destrucción tan masiva. El justo por la fe vivirá.

El propósito cristológico de Habacuc se ve en Habacuc 2:4 mejor que en cualquier otro texto porque es Cristo quien justifica al pecador.

En el capítulo 2, Dios le habla a Su profeta nuevamente y le revela que primero traerá juicio sobre Judá usando a los babilonios y luego juzgará la maldad de los babilonios. De manera que nadie escapa el juicio de Dios: ni Judá ni los babilonios. La realidad es que nadie puede burlarse de Dios (Gá 6:7) sin sufrir las consecuencias. Podemos escondernos de los ojos de los hombres, pero no de los ojos de Dios. Por eso, en el segundo capítulo de Habacuc, encontramos cinco oráculos de maldición contra los babilonios en anticipación del juicio que habría de venir sobre ellos.

Primer oráculo de maldición:
"¡Ay del que aumenta lo que no es suyo
¿hasta cuándo?
Y se hace rico con préstamos!". (Hab 2:6)

Segundo oráculo de maldición:
"¡Ay del que obtiene ganancias ilícitas para su casa,
Para poner en alto su nido,
Para librarse de la mano de la calamidad!". (Hab 2:9)

Tercer oráculo de maldición:
"¡Ay del que edifica una ciudad con sangre
Y funda un pueblo con violencia!". (Hab 2:12)

Cuarto oráculo de maldición:
"¡Ay del que da de beber a su prójimo!
¡Ay de ti que mezclas tu veneno hasta embriagarlo,
Para contemplar su desnudez!". (Hab 2:15)

Quinto oráculo maldición:
"¡Ay del que dice al madero: 'Despierta',
O a la piedra muda: 'Levántate!'". (Hab 2:19)

En esencia, estos cinco "ayes" describen las diferentes acciones pecaminosas que los babilonios cometieron contra las demás naciones y la razón por la que Dios iba a juzgarlos a su debido tiempo. Efectivamente, en el tercer y último capítulo del libro de Habacuc, Dios comienza a revelar lo que hará con los babilonios y cómo los destruirá haciendo uso de otro imperio: el Imperio de los medos y los persas. Por esa razón, el autor de Proverbios afirma: "Como canales de agua es el corazón del rey en la mano del Señor; Él lo dirige donde le place" (Pr 21:1). Dios es quien quita reyes y pone reyes (Dn 2:21), y estos sirven, de una u otra manera, a Su eterno plan de redención.

Al escuchar el juicio que Dios iba a traer y, además tener que escribirlo, lo que se describió fue demasiado abrumador para Habacuc, quien apenas pudo digerirlo. Observemos cómo reacciona el profeta al escuchar lo que el Señor pensaba hacer para castigar a los babilonios:

"Oí, y se estremecieron mis entrañas; a Tu voz temblaron mis labios. Entra podredumbre en mis huesos, y tiemblo donde estoy. Tranquilo espero el día de la angustia, al pueblo que se levantará para invadirnos". (Hab 3:16)

Habacuc pasó de estar confundido a estar estremecido. Tuvo un encuentro con Dios, cuya mera presencia es causa de temor y temblor, y quedó perplejo. Por eso un pastor llamado Steve Brown solía decir que si nunca hemos estado atemorizados ante Dios, entonces nunca hemos estado ante Dios. Por otro lado, la realidad del juicio venidero también hizo que Habacuc se estremeciera y llenara de temor. Ahora bien, Habacuc estaba a punto de descubrir que mientras más conocemos a Dios, más fácil nos resulta lidiar con las circunstancias que Él permite que vivamos. Así, las personas que mejor lidiaron con la reciente pandemia del COVID-19 no fueron aquellas con más recursos económicos ni aquellas que sabían qué hacer en términos médicos, sino aquellas que más conocían a su Dios. Y así ha sido siempre. En el capítulo 1, Habacuc, a pesar de su confusión, se refiere a Dios como "Señor", "mi Dios", "Santo mío", "Tú que eres eterno", "nuestra Roca", "Tú eres puro y no soportas ver la maldad" (vv. 12-13, ntv). Y en el capítulo 3, Él le llama "el Señor

Soberano" (v. 19, NTV). Cuando conocemos a Dios de esa manera, no importa el tipo de circunstancias que tengamos que atravesar ni la tormenta en la que nos encontremos, el Señor soberano será el ancla de nuestra vida.

Habacuc estuvo confundido por un tiempo porque no entendía lo que Dios estaba haciendo al permitir tanta injusticia e iniquidad en medio de Su pueblo. De igual manera, cada vez que las cosas no salen como nosotros esperamos o como entendemos que deben suceder, entramos en una crisis de fe y cuestionamos a Dios porque está haciendo cosas que no tienen sentido para nosotros. Sin embargo, las obras de Dios no tienen que llenar nuestras expectativas; no tienen que coincidir con nuestra lógica; no tienen que procurar nuestra felicidad; no tienen que garantizar nuestra salud; y no tienen que garantizarnos la vida de este lado de la eternidad. Si tiene esas expectativas es porque realmente no se ha detenido a leer su Biblia.

Bruce B. Miller, en su libro *Sacudido: Cuando Dios no tiene sentido*, afirma lo siguiente: "Dios no está interesado primariamente en nuestra paz, seguridad o prosperidad en esta tierra. Él está interesado en nuestra fidelidad en un mundo lleno de dolor y sufrimiento, donde la maldad corre de manera salvaje". Habacuc estaba ansioso de que Dios restableciera la justicia y la rectitud moral en Judá, pero Dios estaba interesado en trabajar en el carácter y la fe del profeta. El Señor usó las peores circunstancias para enseñarle a Habacuc a confiar y esperar en su Dios. Indudablemente, Habacuc necesitaba escuchar las palabras que Dios pronunció a través del profeta Isaías:

"No digan ustedes: 'Es conspiración', a todo lo que este pueblo llama conspiración; ni teman lo que ellos temen, ni se aterroricen. Al SEÑOR de los ejércitos es a quien ustedes deben tener por santo. Sea Él su temor, y sea Él su terror". (Is 8:12-13)

A través de todo lo vivido, *Habacuc pasó de ser un profeta confundido a ser un profeta confiado*. Una de las frases más frecuentes del Señor Jesucristo para con Sus discípulos fue "hombres de poca fe". Cristo no podía creer que, a pesar de ellos haber sido testigos oculares de tantas obras sobrenaturales, todavía continuaran con tanta incredulidad acerca de lo que Él era capaz de hacer. De modo similar, nosotros leemos la Biblia, leemos los relatos de todo lo que Dios ha hecho en el pasado, nos asombramos de las grandes maravillas que Él es capaz de hacer e incluso alabamos a los grandes hombres de Dios por creerle a nuestro soberano Señor. Sin embargo, cuando a nosotros nos toca vivir la misma realidad, de repente somos tan incrédulos como aquel que no conoce a Dios.

Habacuc comienza con muchas quejas e interrogantes que reflejan cierta incredulidad, pero termina con grandes afirmaciones de fe. Note la confianza y la fe del profeta en las siguientes palabras:

> "Aunque la higuera no eche brotes, ni haya fruto en las viñas; aunque falte el producto del olivo, y los campos no produzcan alimento; aunque falten las ovejas del redil, y no haya vacas en los establos, con todo yo me alegraré en el SEÑOR, me regocijaré en el Dios de mi salvación. El Señor DIOS es mi fortaleza; Él ha hecho mis pies como los de las ciervas, y por las alturas me hace caminar". (Hab 3:17-19)

La economía de Israel era eminentemente agraria y es por eso que Habacuc se refiere a la higuera sin brotes, a los viñedos sin fruto, al olivo sin producto, a los campos sin alimentos y a la ausencia de ovejas y vacas en los apriscos y establos. Habacuc sabía que si Dios iba a juzgar al pueblo hebreo, lo haría dándole un fuerte golpe a su economía agrícola. Pues, a través de Moisés, Dios prometió que así lo haría:

> "Pero sucederá que si no obedeces al SEÑOR tu Dios, y no guardas todos Sus mandamientos y estatutos que hoy te ordeno, vendrán sobre ti todas estas maldiciones y te alcanzarán: Maldito serás en la ciudad, y maldito serás en el campo. Malditas serán tu canasta y tu artesa. Maldito el fruto de tu vientre y el producto de tu suelo, el aumento de tu ganado y las crías de tu rebaño. Maldito serás cuando entres y maldito serás cuando salgas. El SEÑOR enviará sobre ti maldición, confusión y censura en todo

lo que emprendas, hasta que seas destruido y hasta que perezcas rápidamente, a causa de la maldad de tus hechos, porque me has abandonado. El Señor hará que la peste se te pegue hasta que te haya consumido de sobre la tierra adonde vas a entrar para poseerla. Te herirá el Señor de tisis, de fiebre, de inflamación y de gran ardor, con la espada, con pestes y plagas; y te perseguirán hasta que perezcas". (Dt 28:15-22)

En sentido general, la economía moderna está basada en las inversiones, en la bolsa de valores, en el precio de los combustibles, en el turismo, etc., según sea el caso en cada nación. Por tanto, cuando Dios se proponga juzgar la generación actual, tenga por seguro que le estará asestando un duro golpe al dios dinero.

Reflexión final

Con todo lo anterior, no es nuestra intención sonar como un profeta de la fatalidad o un portador de malas noticias. Más bien, queremos ver nuestros tiempos a la luz de todas las tragedias descritas en el Antiguo Testamento por las que el pueblo de Dios tuvo que atravesar, con el objetivo de ver cuál fue el llamado de Dios, el mensaje de los voceros de Dios y la respuesta del pueblo de Dios, e intentar traer un poco de luz donde hay oscuridad.

Hermano, de Dios nadie se burla y con Dios nadie juega, como ya dijimos. No es posible que entre 15.000 y 16.000 niños mueran de hambre todos los días mientras hay naciones que tienen un alto índice de obesidad y que nadie llame la atención sobre esta enorme discrepancia. Nuestro Dios no se va a quedar de brazos cruzados al ver que los millonarios del mundo le regalan a las Naciones Unidas millones de dólares para financiar la industria del aborto y destruir más de cincuenta millones de vidas por año en el vientre de sus madres, mientras dos mil millones de personas mueren de hambre viviendo con menos de un dólar al día. De la misma manera que Dios le habló a Habacuc en el pasado, Dios le está hablando hoy a Su iglesia para dejarle saber que Él no es indiferente a lo que está ocurriendo en todo Su universo.

En medio de los tiempos turbulentos que estamos viviendo, el creyente necesita recordar que Dios está en control absoluto de Su creación. Si Dios no está en control de una pandemia, Él no está en control de nada. Y si no está en control de nada, entonces no es soberano. Y si no es soberano, no es Dios. Y si no es Dios, los ateos tienen razón. Pero, ¿vamos a creerle a Dios o vamos a afirmar a los ateos? El Señor está esperando que aquellos que decimos creer en Su soberanía mostremos al mundo la diferencia que hace creer en Él. Esta es la hora de la iglesia.

Finalmente, queremos compartir las palabras del salmista en Salmos 33, un hombre que conoció a Dios de la misma manera que lo hizo Habacuc y que estaba completamente confiado en su Dios. Así dice Salmos 33:

"Bienaventurada la nación cuyo Dios es el Señor, el pueblo que Él ha escogido como Su herencia [...] El rey no se salva por gran ejército; ni es librado el valiente por la mucha fuerza. Falsa esperanza de victoria es el caballo, ni con su mucha fuerza puede librar. Los ojos del Señor están sobre los que le temen, sobre los que esperan en Su misericordia, para librar su alma de la muerte, y conservarlos con vida en tiempos de hambre. Nuestra alma espera al Señor; Él es nuestra ayuda y nuestro escudo; pues en Él se regocija nuestro corazón, porque en Su santo nombre hemos confiado. Sea sobre nosotros Tu misericordia, oh Señor, según hemos esperado en Ti". (Sal 33:12, 16-22)

En tiempos de gran confusión y sufrimiento, los creyentes estamos llamados a esperar, pero a esperar en la misericordia de Dios. Ya sea que nos encontremos en medio de algún juicio que el Señor haya enviado o de alguna dificultad que Él haya permitido, cualquiera que sea la situación, los creyentes tenemos una espera y esa espera es por la misericordia de Dios. No importa cuánto nos duela, no importa cuánto sufrimiento nos cause, no importa cuánto perdamos durante esa espera, hay una realidad que no cambia: Dios es justo, benevolente, misericordioso y soberano, en control del cielo y la tierra, en control de cada molécula, cada átomo, cada microbio y cada vida que existe en este planeta. En Él confiamos y en Él esperamos.

4

UNA ADORACIÓN EN CRISIS

"El hijo honra a su padre, y el siervo a su señor. Pues si Yo soy padre, ¿dónde está Mi honor? Y si Yo soy señor, ¿dónde está Mi temor?», dice el Señor de los ejércitos a ustedes sacerdotes que desprecian Mi nombre". **Mal 1:6a**

La pandemia del COVID-19 impuso limitaciones de todo tipo por un largo tiempo, lo cual nos dio la oportunidad de reflexionar en profundidad acerca de múltiples aspectos relativos a la vida de iglesia. Mientras algunos se sentían cómodos con menos responsabilidades de trabajo y de vida de iglesia, otros anhelaban regresar a la iglesia para regresar a la adoración en comunidad. Algunos terminaron alejándose de la iglesia; pero un buen número de personas se encontraron con Cristo durante ese tiempo y pasaron a formar parte del cuerpo de Cristo. Otros se vieron expuestos a una predicación bíblica, lo que los llevó a dejar a un lado las enseñanzas que habían escuchado por años y a buscar nuevos lugares donde congregarse. Todo este movimiento ocurrió bajo la providencia divina. Dios, en Su soberanía, había permitido que una crisis global de salud nos mantuviera alejados de nuestras iglesias durante un tiempo. Sin embargo, como ya aludimos, tanto nosotros como otros líderes éramos conscientes de que, tras superar la crisis, no podíamos darnos el lujo de regresar a "ser iglesia" de la misma manera.

El 17 de abril de 2020, el pastor John Piper publicó en su cuenta de Twitter una frase muy interesante. En ella, Piper cita primero una porción de los Salmos y luego agrega sus propias palabras. Así se lee su tuit traducido al español:

> "'Restáuranos, oh Dios de nuestra salvación, haz cesar Tu indignación contra nosotros [...] ¿No volverás a darnos vida para que Tu pueblo se regocije en Ti?' (Sal 85:4-6). Una alteración profunda debe ocurrir en la mente humana para ser movida por la ira de Dios hacia el arrepentimiento y el regocijo".[21]

Esta ha sido precisamente nuestra oración, tanto antes como durante la crisis del COVID-19: que Dios humillara a Su pueblo y que pudiéramos emerger de esa humillación habiendo pasado por dos etapas: el arrepentimiento, seguido del regocijo. Una de las bendiciones que trajo la pandemia fue ofrecer a la iglesia un período para reflexionar sobre cómo había estado caminando ante del Señor. En particular, aquel fue un tiempo de reflexión importante para evaluar cómo muchas iglesias estaban llevando a cabo la predicación y la adoración de nuestro Dios. Como resultado muchos cambiaron la forma de "hacer iglesia", y otros incluso cambiaron el lugar donde se congregaban. En mis viajes por diferentes naciones de Latinoamérica pude observar que la adoración a nuestro Dios necesitaba ganar en profundidad y reverencia. La adoración a nuestro Dios es un aspecto de la vida del creyente que, de manera universal, ha estado en crisis por durante mucho tiempo por múltiples razones. Ahora bien, si de algo estábamos seguros es que, para que hubiese un cambio profundo y de consecuencias importantes en nuestra adoración a Dios, primero teníamos que cambiar la definición de lo que muchos entienden por adoración.

Entendiendo la adoración

Para una gran cantidad de personas, la adoración es cantar a Dios, sobre todo cuando lo hacemos de manera colectiva. Sin embargo, a la luz de

[21] https://twitter.com/JohnPiper/status/1251284320905461760?s=20.

las Escrituras, es obvio que adorar a Dios se refiere a un estilo de vida caracterizado por la sumisión a la buena y santa voluntad del Señor. Esta sumisión es el resultado de amar a Dios con todo nuestro corazón, toda nuestra alma, toda nuestra mente y todas nuestras fuerzas.

La adoración, bien entendida, requiere expresar tanto en palabras como en actos todo el honor, la reverencia, la gloria, la alabanza y las acciones de gracias, así como la completa sumisión, obediencia y servicio que nuestro Dios merece por ser quien es y haber hecho todo lo que ha hecho y sigue haciendo. No obstante, es imposible para criaturas finitas poder expresar en lenguaje humano todo el reconocimiento que un Dios infinito merece. Podríamos agotar todos los idiomas del mundo y aun así quedaríamos cortos de Su gloria. Él es tan digno de adoración que para poder entregar a nuestro Dios todo lo que realmente merece se requerirá de toda la humanidad redimida y de todos los seres angelicales juntos por el resto de la eternidad.

Tomando en cuenta lo anterior, es evidente que la adoración de nuestros días necesita una reforma. A nivel corporativo, muchas veces la adoración ha sido trivial, superficial, mecánica y más enfocada en levantar nuestras emociones humanas que en centrarse en dar honra y gloria a Dios. Desde un principio, los pastores de nuestra iglesia han procurado cuidar que nuestra iglesia no caiga en esas prácticas. Aun así, al final, Dios juzgará lo que hicimos como congregación y lo que cada uno rindió de su propia vida en adoración para la gloria del santo nombre del Señor.

Para abordar la necesidad de transformación de nuestra adoración vamos a hacer uso de los primeros tres capítulos del libro de Malaquías, uno de los profetas que ministró después que el pueblo judío regresó del exilio a Jerusalén. Pero antes de hablar acerca de este profeta y del libro que lleva su nombre, una vez más necesitamos revisar el contexto histórico en que ocurrieron los acontecimientos que vamos a revisar más adelante.

Contexto histórico

Recuerde que la nación de Israel se dividió en dos reinos tras la muerte del rey Salomón. Ambos reinos fueron llevados al exilio debido a su idolatría y su corrupción moral como vimos en el capítulo anterior. El segundo reino en caer, Judá, fue deportado a Babilonia. Este exilio duró aproximadamente setenta años, tal como había sido anunciado por boca de los profetas. No obstante, en la plenitud de los tiempos, parte de esa población comenzó a regresar a Jerusalén en tres fases distintas a través de una serie de eventos que Dios orquestó.

El primer retorno se produjo alrededor del año 538 a. C. bajo la dirección de Zorobabel, quien asumió el cargo de gobernador y priorizó la reconstrucción del templo. Zorobabel entendió que la vida alrededor del templo, con todas las oraciones y sacrificios, era central en la vida de adoración del pueblo de Dios. El segundo retorno ocurrió alrededor del año 458 a. C. bajo el liderazgo de Esdras, sacerdote y escriba de la ley. Esdrás fue la persona que, en un momento dado, descubrió los rollos que contenían la ley de Moisés, que aparentemente se habían extraviado durante el exilio en Babilonia. Como consecuencia, Esdras se enfocó en la reconstrucción espiritual del pueblo, pues el templo ya había sido en gran medida restaurado. Finalmente, el tercer retorno se produjo en el año 445 a. C. con Nehemías a la cabeza, quien se enfocó en la reconstrucción de las murallas de la ciudad que habían sido destruidas dejando a Jerusalén altamente vulnerable a invasiones extranjeras.

Antes del exilio, el pueblo de Dios se caracterizó por su apostasía, corrupción sacerdotal, decadencia moral e idolatría. Esas fueron las razones de su exilio y uno pensaría que después de setenta años de cautiverio en tierras lejanas, el pueblo habría aprendido la lección y que a su regreso se caracterizaría por su fidelidad a Dios. Sin embargo, nada podría estar más lejos de la verdad. El pueblo olvidó las razones por las cuales Dios los envió al exilio y poco tiempo después de su regreso, su infidelidad a Dios comenzó a verse una vez más.

Tras el regreso del pueblo judío de Babilonia, Dios envió tres diferentes profetas en distintos momentos para confrontar a Su pueblo. Estos fueron conocidos como los profetas post-exilio. Hageo y Zacarías fueron los dos primeros y fueron los que estuvieron ministrando en el tiempo del gobernador Zorobabel. Ellos animaron al pueblo a reconstruir el templo del Señor. Unos años después, Dios levantó al profeta Malaquías, quien aparentemente comenzó a ministrar mientras

Nehemías aún estaba en Babilonia. Malaquías ministró unos doscientos años después de Habacuc, que fue el profeta que vimos en el capítulo anterior. Este fue un profeta especial, quien más que hablarle al pueblo, sostuvo una o más conversaciones con Dios acerca de la iniquidad del pueblo de Israel.

Malaquías, por otra parte, es el profeta que queremos examinar en adelante, ya que él trajo una acusación muy peculiar contra el pueblo por la corrupción en su adoración. Malaquías narra un debate entre Dios y el pueblo. Dios, por su parte, acusa al pueblo de una serie de hechos que no estaban bien en su vida de adoración, a lo que el pueblo responde con una contraacusación, cuestionando de forma desafiante lo que Dios afirmaba. La conciencia del pueblo estaba tan cauterizada que aun después de setenta años de exilio no tenían el más mínimo respeto por la santidad de Dios. Su actitud fue completamente irreverente, no solo a la hora de adorar, sino también al momento de discutir con el Señor.

En un inicio, Dios comienza afirmando Su amor por la nación de Israel pero el pueblo, a su vez, procede a cuestionar a Dios diciéndole que no veían de qué manera Él los había amado (Mal 1:1-5). Inmediatamente después, Dios pasa a reprender a los sacerdotes por pervertir los sacrificios y la ley de Dios (Mal 1:6-2:9).

Luego, Dios reprende al pueblo por corromper el matrimonio cometiendo adulterio, el divorcio y el nuevo matrimonio con mujeres paganas. Tal era su hipocresía e irreverencia que mientras ellos hacían todas esas cosas se presentaban en el templo para adorar a Dios y llenaban el altar de lágrimas acusándolo de no escucharlos (Mal 2:10-16). El Señor les hizo ver que su infidelidad era la causa de que Dios no respondiera a sus oraciones. Para Dios era una hipocresía que el pueblo orara de una manera y viviera de otra.

Por último, Dios reprende al pueblo porque los hijos de Israel estaban robándole al Señor. El pueblo cuestiona a Dios preguntándole cuándo y cómo ellos le habían robado, y el Señor les responde que lo habían hecho con sus diezmos y ofrendas (Mal 3:7-12).

En esencia, la adoración a Dios atravesaba una crisis. Ya estaba en crisis antes del exilio y volvió a estar en crisis después que los judíos regresaron. Cabe recordar que cuando hablamos de adoración, no nos referimos únicamente a la capacidad de cantar a Dios, ya sea de manera individual o corporativa, sino a un estilo de vida que, como ya dijimos, está caracterizado por la sumisión a la buena y santa voluntad del Señor. Este estilo de vida resulta de amar a Dios con todo nuestro corazón, alma, mente y fuerza. Por tanto, cuando hablamos de que la adoración estaba corrompida antes y después del exilio, nos referimos al modo de vida y a la actitud de adoración del pueblo de Dios.

Como cristianos, se supone que todo lo que hacemos es para honrar al Dios del cielo y de la tierra. Por lo tanto, no puede haber una discrepancia entre cómo vivimos y cómo cantamos a nuestro Dios, porque esa disociación desagrada a Dios y, como resultado, es rechazada por Él. De hecho, eso es justamente lo que estaba pasando en los tiempos de Malaquías, y la razón por la cual Dios reprendió a Su pueblo. De ahí que, al inicio de la pandemia, entendimos que Dios, en cierto sentido, había enviado a su iglesia momentáneamente al exilio, "forzándonos" a retirarnos a nuestros hogares por causa de ese nuevo coronavirus (SARS-CoV-2). Sin duda, fue un excelente tiempo para que cada uno de nosotros evaluara su vida de adoración, para así determinar cuán congruente era nuestra alabanza del domingo con nuestra manera de vivir de lunes a sábado. Desafortunadamente, muchos desperdiciaron ese tiempo y cuando la pandemia terminó, volvieron a sus antiguos hábitos.

La adoración a Dios en los tiempos de Malaquías

Para comenzar a examinar todo lo que tiene que ver con la adoración a nuestro Dios y a la crisis en que esta se encontraba, y aún se encuentra, pasemos a revisar una primera sección del libro de Malaquías.

> "Profecía de la palabra del SEÑOR a Israel por medio de Malaquías. Yo os he amado —dice el SEÑOR—. Pero vosotros decís: ¿En qué nos has amado? ¿No era Esaú hermano de Jacob? —declara el SEÑOR—. Sin embargo, yo amé a Jacob, y aborrecí a Esaú, e hice de sus montes desolación, y di su heredad a los chacales del desierto". (Mal 1:1-3, LBLA)

La palabra traducida como "profecía" al inicio del texto anterior es mejor traducida al español como "oráculo", un término que implica un mensaje que proviene del Señor para la nación de Israel. Según el mismo pasaje nos indica, este mensaje les llega por medio de un intermediario de nombre Malaquías, que es un profeta de Dios.

Como veremos más adelante, Dios tiene una acusación muy seria contra Israel. Sin embargo, en vez de comenzar apuntando el dedo a la nación, Dios primero afirma Su gran amor por ellos, tal como un padre que, antes de corregir a su hijo, inicia la conversación recordándole cuánto lo ama y lo aprecia. Pero cuando Dios declaró Su amor por la generación de Malaquías, ellos respondieron cuestionándolo y dijeron: "¿En qué nos has amado?" (Mal 1:2a). Es decir, Dios asegura haber mostrado Su amor incondicional hacia Israel y el pueblo responde diciendo: "Pruébalo. Dinos de qué manera nos has amado porque no lo vemos y, por tanto, no lo creemos". Obviamente, estas no son las palabras exactas que aparecen en el pasaje de Malaquías, pero ese es el sentir de la nación cuando cuestiona el amor de Dios.

De hecho, observe la manera en que la Nueva Traducción Viviente tradujo esa parte del texto: "¿De veras? ¿Cómo nos has amado?" (Mal 1:2a). Esta versión pone aún más de relieve la forma desafiante en que Israel mostró su incredulidad y dudas acerca del amor de Dios. Lamentablemente, nunca vieron la disciplina a la que Dios los sometió como una manifestación de Su amor hacia Su pueblo. No creyeron lo que el autor de la carta a los Hebreos más adelante nos revela: "EL SEÑOR AL QUE AMA, DISCIPLINA, Y AZOTA A TODO EL QUE RECIBE POR HIJO" (He 12:6). Su disciplina fue tan severa como su idolatría y desobediencia, pero la intención detrás de esa disciplina era hacerlos regresar a Dios para que pudieran experimentar y disfrutar las bendiciones de su Creador.

Ante la irreverente pregunta de Israel, Dios pudo haber hecho un listado de todas las veces que intervino a favor de Israel desde que el pueblo salió de Egipto hasta los días de Malaquías. Sin embargo, en vez de hacer eso, Dios opta por hablar de Jacob y de Esaú, hijos mellizos de Isaac y Rebeca. Aunque Esaú resultó ser un hombre malvado que menospreció su primogenitura y que parece haberse casado con dos mujeres al mismo tiempo y para colmo, mujeres hititas. Sus descendientes, los edomitas, fueron eventualmente destruidos, tal como narra el texto de Malaquías 1:3. Jacob, por otro lado, no fue necesariamente un mejor hombre; de hecho, su nombre significa "engañador", y él hizo honor a ese nombre cuando engañó a su propio padre y a su suegro. A pesar de ello, Dios escogió a Jacob sobre Esaú cuando ninguno de ellos merecía el favor especial del Señor (Ro 9:11); de ahí la expresión «Yo amé a Jacob, y aborrecí a Esaú» (Mal 1:2-3). Y es que, comparado con el amor especial que Dios expresó hacia Jacob, el amor de Dios por Esaú lucía como aborrecimiento.

La manera en que Dios decidió mostrar ese amor especial fue otorgando la promesa del pacto a Jacob y sus descendientes, quienes tendrían el gran privilegio de ser llamados el pueblo escogido de Dios. Al mencionar a Jacob y a Esaú, Dios estaba recordándole a Israel que los había amado mucho antes que ellos se constituyeran como nación. Sin embargo, fue precisamente este grupo que se atrevió a cuestionar el amor de Dios; un amor que fue evidenciado de múltiples maneras:

- Dios mostró Su amor soberano al amar de forma especial a Jacob por encima de Esaú.
- Dios mostró Su amor incondicional porque, aunque los descendientes de Jacob fueron infieles todo el tiempo, Dios los siguió amando y los sigue amando.
- Dios demostró Su amor individual y no general, dirigiendo Su amor hacia un pueblo al que llamó Israel.[22]

Es increíble que Israel se atreviera a cuestionar el gran amor de Dios por ellos después de haber visto tantas muestras de Su fidelidad y bondad. Sin embargo, nosotros con frecuencia nos comportamos de manera muy similar a como lo hizo aquel pueblo judío. ¿Acaso no hemos escuchado a hijos de Dios, por quienes Cristo derramó Su sangre, lamentarse diciendo que Dios ya no los ama, basando su creencia solamente en que las circunstancias de sus vidas no parecen estar yendo

---

[22] Leslie C. Allen, *et al.*, Lloyd J. Ogilvie (editor general), *The Preacher's Commentary* (Nashville: Thomas Nelson, edición Kindle, 2010), Loc. 8084.

suficientemente bien? En otras palabras, el creyente tiende a juzgar el amor de Dios según cómo le vaya en un momento determinado. Si todo va bien, es porque Dios nos ama; pero si las cosas no andan muy bien, entonces debe ser que Él ha dejado de amarnos. Amado hermano, cuando pensamos de esta manera, ponemos en duda el carácter del Dios que entregó a Su Hijo por nosotros, y ese no es un pecado menor. Asimismo, hay cristianos que dudan del amor de Dios cuando Él no le concede la salvación a ese familiar o ese amigo por el que tanto han orado. Creer de esa manera sugiere que, para que Dios demuestre Su amor hacia el hombre, debe acceder a sus peticiones. Pero un Dios concebido de esa forma no es Dios, sino una especie de ídolo al servicio de los hombres.

Lo más lamentable es que, a veces, la idea de que Dios nos ama no nos resulta tan emocionante porque nos hemos acostumbrado a Su amor y lo damos por sentado. Tras cierto tiempo en la vida cristiana, el amor de Dios no nos conmueve y tampoco nos mueve. Su amor no remueve nuestras emociones y no nos saca de nuestra zona de confort. Ese es precisamente el inicio de la corrupción de la adoración. Pues, si no experimentamos el amor de Dios como algo extraordinario, le ofreceremos a Dios una adoración ordinaria; algo digno de un humano, pero no de Dios.

Después que Dios afirmara haber amado a Israel de forma especial, y luego de que la generación de Malaquías pusiera en duda la sinceridad de esta afirmación de Dios, el relato bíblico continúa con una acusación contra los sacerdotes que habían profanado la adoración a Dios:

"'El hijo honra a su padre, y el siervo a su señor. Pues si Yo soy padre, ¿dónde está Mi honor? Y si Yo soy señor, ¿dónde está Mi temor?', dice el SEÑOR de los ejércitos a ustedes sacerdotes que desprecian Mi nombre. Pero ustedes dicen: '¿En qué hemos despreciado Tu nombre?'". (Mal 1:6)

De acuerdo con Malaquías 1:6, el pueblo había perdido el temor a Dios y, al no temerlo de manera reverente, tampoco estaban honrando la santidad de Su nombre. Ante tal reproche por parte de Dios, hubiese sido apropiado que el pueblo, y en particular los líderes, preguntasen a través de Malaquías de qué manera habían deshonrado a Dios para poder entonces arrepentirse y corregir lo que habían estado haciendo mal. Sin embargo, el pueblo desafió a Dios una vez más preguntándole: "¿En qué hemos despreciado Tu nombre?" (Mal 1:6b). En otras palabras, la generación de Malaquías, representada por sus sacerdotes, sostenía una disputa con Dios como si fueran iguales debatiendo en una corte judicial. Dios acusa y ellos contra acusan. Dios afirma: "Ustedes han menos preciado Mi nombre". Y ellos responden: "¿Cómo? ¡Demuéstralo!". Es evidente que ni honraban ni temían a Dios. Su actitud desafiante mostraba que ellos habían relegado a Dios de Su trono desde hacía mucho tiempo.

No obstante, a pesar de que su insolencia no merecía una respuesta, el Señor procede a señalarles exactamente de qué manera lo habían despreciado:

> "En que ustedes ofrecen pan inmundo sobre Mi altar. Y ustedes preguntan: '¿En qué te hemos deshonrado?'. En que dicen: 'La mesa del SEÑOR es despreciable'". (Mal 1:7)

Dios acusa a los sacerdotes de ofrecer sacrificios impuros sobre Su altar y, en lugar de admitir su falta, cuestionan a Dios nuevamente. Con su proceder dejaban ver que para ellos el altar del Señor, y el Señor mismo, no merecía ningún respeto. Dios, entonces, les plantea:

> "'Y cuando presentan un animal ciego para el sacrificio, ¿no es eso malo? Y cuando presentan el cojo y el enfermo, ¿no es eso malo? ¿Por qué no lo ofreces a tu gobernador? ¿Se agradaría de ti o te recibiría con benignidad?', dice el SEÑOR de los ejércitos". (Mal 1:8)

Los sacerdotes, cuyo oficio equivaldría hoy en día al ministerio pastoral, estaban siendo cuestionados por Dios. Ellos conocían la ley de Dios y, por tanto, sabían que debían ofrecer un cordero de un año sin tacha ni mancha. Sin embargo, ofrecían corderos ciegos, cojos y enfermos, violando así los estatutos de la ley al ofrecerle al Señor algo inferior a lo que Él había ordenado. Dios hace una comparación con la figura del gobernador para que ellos pudieran ver la gravedad de lo que estaban haciendo. Si el gobernador de la ciudad jamás recibiría con agrado un tributo con animales con defectos, ¿cómo esperaban que Dios recibiera tal ofrenda en Su altar?

En la actualidad, los cristianos no ofrecemos sacrificios en templos como en el Antiguo Testamento. Sin embargo, se nos instruye a presentar nuestros cuerpos "como sacrificio vivo y santo, aceptable a Dios" (Ro 12:1). Tampoco tenemos sacerdotes intercediendo ante Dios por el pueblo, pues Dios ha hecho a todos los creyentes sacerdotes de Su reino (1 P 2:9). Así, el sacrificio que ofrecemos al Señor no consiste en un cordero sin mancha, sino nuestras vidas postradas en adoración. Somos sacerdotes y sacrificio al mismo tiempo. Por ello, cuando no dedicamos a Dios lo mejor de nuestro tiempo, es el equivalente a ofrecer un cordero ciego ante Su altar. Al no poner lo mejor de nuestros dones y talentos al servicio de Dios, eso es como ofrecer un cordero cojo al Señor. Igualmente, cuando estamos dispuestos a sacrificar nuestras vidas a favor de nuestro trabajo secular, pero no a favor de nuestro Dios y ni siquiera a favor de nuestro cónyuge e hijos, eso es equivalente a presentar un cordero enfermo en la mesa del Señor.

La iglesia de Cristo es un sacerdocio real y la vida de cada creyente es el sacrificio que diariamente es ofrecido a nuestro Dios. Por ello, menospreciamos el nombre de nuestro Señor cuando decimos que Dios es nuestra prioridad, pero nuestras acciones no lo demuestran. Deshonramos a Dios cuando cantamos que Dios es todopoderoso, pero un simple virus nos amedrenta; cuando proclamamos que Dios es santo, pero no vivimos en santidad, ni siquiera durante una pandemia. También deshonramos a Dios cuando cantamos sobre Su fidelidad, pero dudamos de Su amor y gracia al ver que las cosas no marchan según nuestras expectativas. Menoscabamos a Dios cuando cantamos que Él merece toda la gloria, pero le damos las "sobras" de nuestro tiempo y vida. O cuando con nuestra boca decimos que Él es nuestro primer amor, pero nuestra conducta revela que tenemos múltiples amantes a quienes hemos dado el lugar que solo le pertenece a Dios.

De igual modo, si decimos que nuestro Dios lo merece todo, pero luego medimos meticulosamente el tiempo, esfuerzo y ofrenda que le damos, buscando el mínimo necesario para obtener su aprobación, estamos nuevamente menospreciando el valor de nuestro Dios. Lo triste de todo es que, si somos honestos, tendríamos que admitir que frecuentemente hemos sido reticentes en nuestras vidas de adoración al no ofrecerle lo mejor, ni hacerlo de la manera más adecuada. Sin embargo, recordemos que "Dios siempre evalúa al adorador antes de considerar su ofrenda".[23] Así lo hizo con Caín y Abel; por eso rechazó la ofrenda de Caín, pero recibió con agrado la de Abel.

La razón principal por la que no le damos nuestra mejor adoración a Dios es que continuamente priorizamos a los ídolos del corazón. Estos ídolos del corazón alteran nuestra percepción de la vida, y hacen que estructuremos nuestros estilos de vida de manera errónea. Sucede así porque nuestros ídolos cambian la forma en que vemos el mundo, y al hacerlo, cambian también nuestra forma de vivir. Al final, los ídolos acaban absorbiendo la mayor parte de nuestras vidas, quedando solo restos para ofrecer a Dios, quien jamás se complace con las sobras de nuestra idolatría.

Identificar estos ídolos demanda una introspección sincera y un examen profundo de nuestros pensamientos y actitudes. Reflexionemos sobre las siguientes preguntas:

- ¿Está usted dispuesto a pecar para conseguir lo que desea?
- ¿Pecaría si considera que podría perder lo que anhela?
- ¿Es eso que busca lo que le da sentido de valor o de importancia a su vida?
- ¿Se irrita de inmediato si alguien le habla negativamente de esa persona, posesión o estilo de vida?
- ¿Necesita lo que desea para sentirse seguro?
- ¿Está dispuesto a sacrificar relaciones para no perder lo que tiene o conseguir lo que busca?

---

[23] Leslie C. Allen, *et al.*, Lloyd J. Ogilvie (editor general), *The Preacher's Commentary* (Nashville: Thomas Nelson, edición Kindle, 2010), Loc. 8300.

Aquello por lo que esté dispuesto a pecar y destruir relaciones con tal de conseguirlo o retenerlo es, sin duda, un ídolo en su vida que necesita ser derribado. La razón por la que nuestros ídolos no son destruidos es porque el corazón humano no tolera que interfieran con sus ídolos, y cuidadosamente los resguarda "bajo llave". Por ello, cuando nuestros ídolos son señalados y confrontados por otros, nuestro corazón idólatra se resiente, reacciona con ira y se aleja de aquellos que lo confrontan.

De modo que, si optamos por ser sinceros con nosotros mismos, al revisar nuestras vidas podríamos descubrir fácilmente cuáles son nuestros ídolos. Pues, inevitablemente, nuestros estilos de vida revelan cuáles son nuestros ídolos y cómo hemos concebido a Dios.[24] Por ejemplo:

- Un estilo de vida pecaminoso revela que no hemos concebido a Dios como infinitamente santo, creando en nuestra mente una imagen trivializada de Él.
- Un estilo de vida materialista revela que hemos concebido a Dios como un medio para que bendiga nuestros planes y proyectos seculares, presentándolo como un Dios centrado en el hombre.
- Un estilo de vida caracterizado por la toma de decisiones sin oración o el uso de la Palabra de Dios revela que nos vemos como independientes de Él, sugiriendo un Dios no soberano.

Todas esas concepciones distan mucho de la realidad. De lo anterior se concluye que la calidad de nuestra vida de adoración no es el problema en sí, sino un reflejo de él. La raíz del problema radica en nuestra concepción de Dios.

Veamos cómo continúa el texto de Malaquías 1:

"Ahora pues, ¿no pedirán ustedes el favor de Dios, para que se apiade de nosotros? Con tal ofrenda de su parte, ¿los recibirá Él con benignidad?', dice el Señor de los ejércitos". (Mal 1:9)

---

[24] Iain M. Duguid y Matthew P. Harmon, *Zephaniah, Haggai, Malachi [Reformed Expository Commentary]* (Phillipsburg: P&R Publishing, 2018), p. 113.

El profeta Malaquías se dirige a los sacerdotes de parte de Dios y esencialmente les dice que no hay manera de que Dios esté satisfecho con ellos ni dispuesto a bendecir a Israel, dado que, como líderes, lo han tratado de una manera despectiva e irreverente. Ahora bien, esto no significa que ganemos el favor de Dios con nuestras acciones, pues todo lo que recibimos de parte de Dios es por pura gracia; sin embargo, sí sugiere que podemos ganarnos la desaprobación de Dios.

Dios estaba tan descontento con lo que sucedía en relación con los sacrificios y las ofrendas del templo que, en el próximo versículo, Malaquías nos deja ver cuán irritado se encontraba Dios con el pueblo y cuál era Su deseo en ese momento:

> "'¡Oh, si hubiera entre ustedes quien cerrara las puertas para que no encendieran Mi altar en vano! No me complazco en ustedes', dice el SEÑOR de los ejércitos, 'ni de su mano aceptaré ofrenda'". (Mal 1:10)

La Nueva Traducción Viviente traduce este versículo de la siguiente manera:

> "¡Cómo quisiera que alguno de ustedes cerrara las puertas del templo para que esos sacrificios despreciables no fueran ofrecidos! No estoy nada contento con ustedes —dice el SEÑOR de los Ejércitos Celestiales—, y no aceptaré sus ofrendas". (Mal 1:10, NTV)

La Escritura nos muestra que Dios deseaba un templo y dio órdenes muy precisas de cómo construirlo. Y, como ya he mencionado, el templo fue reconstruido bajo la dirección del gobernador Zorobabel tras el primer retorno del pueblo judío luego de su exilio en Babilonia. Asimismo, durante el segundo retorno, la vida espiritual del pueblo fue revitalizada bajo el liderazgo e inspiración de Esdras. Algunos estudiosos piensan que Malaquías ministró antes de la reforma espiritual liderada por Esdras. Sin embargo, otros creen que Esdras llevó a cabo dicha reforma, pero que luego la adoración del pueblo se volvió a corromper.

Independientemente de si sucedió antes o después, ahora Dios, a través de Malaquías, dice que preferiría que alguien cerrara las puertas del templo que Él mismo ordenó construir. La calidad de la adoración y el estilo de vida del pueblo judío había decaído tanto que Dios ya no quería recibir sus ofrendas y sacrificios.

Es esencial recordar que el pueblo judío no estaba adorando a Baal ni a ningún otro dios pagano, sino a Jehová, el único Dios verdadero. El problema es que lo estaban haciendo de una forma tan deshonrosa que Dios prefería que cerraran el templo antes que lo adoraran de esa manera. Eso nos lleva a preguntarnos: *¿Pudiera ese ser el caso con muchas de las iglesias de hoy en día? ¿Pudiera Dios preferir que algunos de Sus hijos no le ofrezcan adoración hasta que no enderecen sus vidas? ¿O que pastores no prediquen hasta que sus vidas sean alineadas con Él?* Sin duda, estas son preguntas en las que vale la pena reflexionar.

Si vamos al Nuevo Testamento, veremos que en la ciudad de Corinto se dio una situación similar donde algunos participaron indignamente de la Cena del Señor. Según el capítulo once de la primera carta de Pablo a los corintios, algunos se debilitaron, enfermaron o incluso murieron como consecuencia de haber ofrecido una adoración contaminada a la hora de participar de la Santa Cena (1 Co 11:29-30). Es decir, cuando el creyente no honra la santidad del nombre de Dios, brindándole la adoración que Él merece, inevitablemente sufrirá las consecuencias.

Retomando el pasaje de Malaquías, observamos cómo Dios anuncia que Él mismo se encargaría de hacer lo que Israel no había hecho: engrandecer Su nombre sobre toda la tierra. Y no solo eso, sino que se encargaría de que Su nombre fuera proclamado entre todas las naciones gentiles, algo que los israelitas probablemente odiaron escuchar porque consideraban que la salvación era exclusiva del pueblo judío. Fijémonos en las palabras exactas de Dios en el texto de Malaquías 1:

"Porque desde la salida del sol hasta su puesta, Mi nombre será grande entre las naciones, y en todo lugar se ofrecerá incienso a Mi nombre, y ofrenda pura de cereal; porque grande será Mi nombre entre las naciones', dice el Señor de los ejércitos. 'Pero ustedes lo profanan, cuando dicen: 'La mesa del Señor es inmunda, y su fruto, su alimento despreciable'". (Mal 1:11-12)

No obstante, los versículos 13 y 14 evidencian que el problema con los sacerdotes era aún más grave. Veamos primero lo que dice el versículo 13:

"También dicen: '¡Ay, qué fastidio!'. Y con indiferencia lo desprecian', dice el SEÑOR de los ejércitos, 'y traen lo robado, o cojo, o enfermo; así traen la ofrenda. ¿Aceptaré eso de su mano?', dice el SEÑOR". (Mal 1:13)

La Nueva Traducción Viviente traduce el mismo versículo de la siguiente manera:

"Ustedes dicen: 'Es demasiado difícil servir al SEÑOR' y consideran un fastidio mis mandamientos —dice el SEÑOR de los Ejércitos Celestiales—. ¡Imagínense! ¡Están presentando animales robados, lisiados y enfermos como ofrendas! ¿Debo aceptar esa clase de ofrenda de ustedes?, pregunta el SEÑOR". (Mal 1:13, NTV)

La generación de Malaquías debió haber aprendido de sus errores tras setenta años en el exilio. Sin embargo, su condición moral se deterioró a tal punto que el pueblo se atrevió a ofrecer sacrificios de animales robados, además de los lisiados y enfermos, como leímos anteriormente. Recordemos que la adoración es una forma de obedecer el primer mandamiento de la ley de Dios, que nos llama a no tener otros dioses y a amar al Señor con todo nuestro ser. Así que, el pueblo estaba intentando cumplir este mandamiento mientras violaba el octavo mandamiento: no robar. Esto revela cuán ciegos estaban y cuán insensible se había vuelto su conciencia.

A la hora de ofrendar debemos preguntarnos: *¿Cuál es la procedencia del dinero que ofrendamos? ¿Cómo hemos ganado ese dinero? ¿Hemos sido injustos en el pago de salarios y parte de lo que ofrendamos en realidad corresponde al salario que debimos pagar a otras personas?* Sin duda, este es un buen momento para hacer una pausa y examinar nuestra vida de adoración, que ha enfrentado crisis a lo largo de la historia del pueblo de Dios, y nuestra generación no es una excepción.

Finalmente, veamos cómo Dios termina Su disputa con Su pueblo en esta primera parte del libro de Malaquías:

> "'¡Maldito sea el engañador que tiene un macho en su rebaño, y lo promete, pero sacrifica un animal dañado al Señor! Porque Yo soy el Gran Rey', dice el Señor de los ejércitos, 'y Mi nombre es temido entre las naciones'". (Mal 1:14)

La Nueva Traducción Viviente lo traduce de esta otra forma:

> "Maldito sea el tramposo que promete dar un carnero selecto de su rebaño, pero después sacrifica uno defectuoso al Señor. ¡Pues yo soy un gran rey —dice el Señor de los Ejércitos Celestiales—, y mi nombre es temido entre las naciones!". (Mal 1:14, NTV)

¿Se ha imaginado lo que se supone engañar a Dios? Lo que hicieron estos sacerdotes es parecido a comprometerse con Dios a hacer determinada cosa si Él nos concede una petición en particular. Y, tras recibir lo que deseábamos de Dios, proceder a rebajar o cambiar aquello que le habíamos ofrecido.

Reflexión final

Aunque hoy no ofrecemos carneros a Dios como en el Antiguo Testamento, hay quienes prometen, por ejemplo, leer más su Palabra al comienzo de cada año. Sin embargo, tras algunos meses, retoman rápidamente sus antiguas rutinas. Otros prometen ser más fieles en sus diezmos y ofrendas y llegan incluso a pensar que algunas de las bendiciones que no recibieron en el año anterior fueron retenidas debido a su infidelidad en esta área. Sin embargo, tan pronto las cosas comienzan a cambiar, vuelven a ser infieles en el manejo de sus finanzas. Del mismo modo, con cierta frecuencia hacemos promesas de mejorar nuestras vidas de oración o nuestro involucramiento en la vida cristiana y en la iglesia local, pero tan pronto nuestra situación mejora, nos olvidamos de lo que habíamos prometido a Dios.

Que Dios renueve nuestra mente, que sensibilice nuevamente nuestro corazón a su presencia y que, por medio de Su Espíritu, nos ayude a rendir nuestra voluntad ante Él, para que podamos exclamar junto al ejército celestial:

"Al que está sentado en el trono, y al Cordero, sea la alabanza, la honra, la gloria y el dominio por los siglos de los siglos". (Ap 5:13)

5

LA CRISIS DE LA ADORACIÓN SE PROFUNDIZA

"'Pues los labios del sacerdote deben guardar la sabiduría, y los hombres deben buscar la instrucción de su boca, porque él es el mensajero del Señor de los ejércitos. Pero ustedes se han desviado del camino, han hecho tropezar a muchos en la ley, han corrompido el pacto de Leví', dice el Señor de los ejércitos". Mal 2:7-8

Como vimos anteriormente, el libro de Malaquías representa un mensaje de advertencia o un oráculo de Dios para la nación de Israel, que fue dado a través del profeta Malaquías, quien sirvió como mensajero en un momento en que la adoración del pueblo judío estaba en crisis a múltiples niveles. La crisis era evidente a nivel de los sacerdotes, en los sacrificios ofrecidos, y en sus estilos de vida a nivel de la vida matrimonial de los sacerdotes y del pueblo, y en los diezmos y ofendas que presentaban a Dios. Es asombroso que, incluso después de setenta años en el exilio, la vida de adoración del pueblo dejaba mucho que desear.

Además, observamos que la narración del libro de Malaquías sigue un formato o una estructura bastante particular donde se presentan una serie de disputas entre Dios y Su pueblo. En el primer capítulo del libro, vemos que Dios acusa al pueblo, y en especial a su liderazgo representado por los sacerdotes, de violar el honor de Su nombre. Repite este señalamiento en el segundo capítulo, que estaremos analizando un poco más adelante. Tras hacer Dios Su declaración, el pueblo refuta de forma desafiante Su acusación. Luego, el profeta responde a la objeción del pueblo reformulando la acusación inicial. Por último, hay una presentación de más evidencia en contra del pueblo y su liderazgo[25] que respalda la acusación inicial de Dios.

El propósito de presentar la acusación de una manera escalonada es desarmar al liderazgo y al pueblo de sus argumentos para llevarlos al arrepentimiento. Lamentablemente, cuando la conciencia de una persona o de un pueblo se ha endurecido, la confrontación de su pecado no produce arrepentimiento. Por el contrario, la confrontación solo produce una actitud defensiva y de ira, como nos muestra el libro de Malaquías. Y esto ha sido así desde el jardín del Edén hasta nuestros días. Cuando Dios confrontó a la generación de Malaquías con su pecado, los sacerdotes y el pueblo se airaron, defendieron, justificaron y rebelaron. Esa es la misma actitud que vemos en nuestra generación cuando es confrontada con su pecado. De manera que, nada ha cambiado.

En Malaquías 1:2, Dios afirma Su amor por la nación de Israel. Sin embargo, en su rebelión, el pueblo refuta la afirmación divina preguntando: "¿En qué nos has amado?". En otras palabras, ellos querían que Dios les presentara más evidencias de Su amor porque lo que Él llamaba amor, ellos no lo percibían como tal. La respuesta del pueblo fue defensiva, desafiante y acusadora. "Tú, ¿amarnos? ¡No lo vemos así!", parecían decir.

Más adelante, en Malaquías 1:6, Dios confronta directamente a los sacerdotes porque no estaban honrado Su nombre. De igual manera, el liderazgo refuta la acusación de Dios y pregunta: "¿En qué hemos deshonrado Tu nombre?". Siguiendo la misma estructura, Dios entonces presenta más evidencias que respaldan Su acusación y en esencia les dice que ellos estaban despreciando la santidad de Su nombre cuando ofrecían sacrificios de animales ciegos, cojos, enfermos y hasta robados (Mal 1:8).

---

[25] Andrew E. Hill, John H. Walton, *A Survey of the Old Testament* (Grand Rapids: Zondervan, 2009), p. 707.

La misma reacción ocurrió cuando Cristo confrontó a los escribas y fariseos. No importa de dónde provenga la confrontación, ya sea del hombre o de Dios; cuando una persona endurecida es confrontada por su pecado, su reacción inmediata es una de defensa, ira y muchas veces rebelión. Así también respondió Caín cuando Dios lo confrontó. De hecho, es posible notar su enojo ante la confrontación de Dios en los siguientes versículos:

"Entonces el Señor dijo a Caín: '¿Por qué estás enojado, y por qué se ha demudado tu semblante?'". (Gn 4:6)

"Entonces el Señor dijo a Caín: '¿Dónde está tu hermano Abel?'. Y él respondió: 'No sé. ¿Soy yo acaso guardián de mi hermano?'". (Gn 4:9)

Como observamos, Caín no solo respondió con cierto enojo, sino que también adoptó una actitud desafiante. Sin duda, nada es más evidente en su comportamiento que el pecado. Hay una forma predecible en cómo el pecado se manifiesta en los seres humanos:

En primer lugar, adopta una actitud defensiva. Así lo demostró la primera pareja en el jardín del Edén, así como Caín, el pueblo judío en la época de Malaquías y los escribas y fariseos al ser confrontados por Cristo. En segundo lugar, el pecado en nosotros impulsa a contraatacar con acusaciones. Adán acusó a Eva, y luego Eva a la serpiente cuando se vieron confrontados por Dios. En el caso de la generación de Malaquías, ellos acusaron a Dios de ser injusto en Sus juicios y de acusarlos sin evidencias.

En aquella época, la adoración a Dios se había tornado en un fastidio, según el versículo 13 del primer capítulo del libro de Malaquías, como vimos anteriormente. De esa misma manera, muchos hoy día van a la iglesia como un mero cumplimiento. Otros llegan justo antes del sermón porque el tiempo de adoración por medio de la música no les motiva a conectarse íntimamente con Dios. A algunos incluso llega a molestarles, ya sea porque es muy contemporáneo o porque es muy tradicional. Actúan como si la adoración musical, o de cualquier tipo, estuviera diseñada para nuestro agrado, cuando en realidad es para complacer a Dios.

La iglesia contemporánea, que ha adaptado sus servicios dominicales para agradar a la audiencia, debe arrepentirse de su pecado. Ha llegado a creer que su función principal es complacer a la congregación, cuando en realidad, nuestra audiencia es de uno solo: Dios. Nuestra deber es ofrecer a Dios una adoración que exalte Su santidad. Independientemente del estilo musical o cultural en que adoremos, la idea es que sea claramente visible que Dios es exaltado por encima de nosotros y de forma reverente. Y no solamente por encima de nosotros, sino muy, muy, muy por encima de nosotros.

El resultado de no honrar el nombre de Dios

En el segundo capítulo del libro de Malaquías, Dios continúa detallando la acusación presentada contra los sacerdotes y, por extensión, a toda la nación de Israel. En Su reprensión, Dios hace dos cosas: les acusa de no honrar Su nombre y les advierte que, si no cambian de actitud, los maldeciría en el ejercicio de su función e incluso más allá de esta. Veamos cómo les advierte:

> "'Y ahora, para ustedes, sacerdotes, es este mandamiento. Si no escuchan, y si no deciden de corazón dar honor a Mi nombre', dice el SEÑOR de los ejércitos, 'enviaré sobre ustedes maldición, y maldeciré sus bendiciones; y en verdad, ya las he maldecido, porque no lo han decidido de corazón'". (Mal 2:1-2)

En Malaquías 2:1, Dios claramente dice que este mandato es para los sacerdotes. Sin duda, en el contexto de la iglesia de hoy pudiéramos decir que este es un mandato dirigido a todos los creyentes porque, como ya mencionamos, todos los hijos de Dios hemos sido hechos sacerdotes de Su reino (1 P 2:9). Sin embargo, entendemos que Dios le está hablando de manera particular a los pastores y líderes de Su rebaño. Y, en pocas palabras, Dios les advierte que si no obedecen ni honran la santidad de Su nombre desde lo más íntimo de su ser, Él se encargará de "maldecir sus bendiciones" como leímos más arriba; afirmándoles al mismo tiempo que ya lo había hecho.

Ahora bien, para que pueda entender lo que esto implica debe recordar que una de las funciones principales de los sacerdotes del Antiguo Testamento era bendecir al pueblo de Dios. En el libro de Números, Dios, por medio de Moisés, instruye a Aaron y a sus hijos sobre cómo debían bendecir al pueblo:

> "'Habla a Aarón y a sus hijos, y diles: "Así bendecirán a los israelitas. Les dirán: El SEÑOR te bendiga y te guarde; el SEÑOR haga resplandecer Su rostro sobre ti, y tenga de ti misericordia; el SEÑOR alce sobre ti Su rostro, y te dé paz". Así invocarán Mi nombre sobre los israelitas, y Yo los bendeciré'". (Nm 6:23-27)

Por Su gracia, Dios había dispuesto que las palabras provenientes de sacerdotes que vivieran en congruencia con Su estándar pudieran servir de bendición a Su pueblo. Pero lamentablemente, en los tiempos de Malaquías los sacerdotes no podían invocar el nombre de Dios porque estaban deshonrándolo con sus vidas, y esa fue justamente la razón por la que Dios prometió maldecir la bendición que pronunciaran sobre el pueblo. Esto nos da una idea de cuánto se había corrompido la adoración del pueblo de Dios.

En ese tiempo, estaba en juego la honra del nombre de Dios. A lo largo de la Escritura, es evidente que Dios siempre ha tenido un alto interés por la honra de Su nombre. Lo vemos en el Padre Nuestro, por ejemplo, donde la primera petición que Cristo modela a Sus discípulos al inicio de la oración es "santificado sea Tu nombre" (Mt 6:9). Esta petición no está ahí por casualidad, sino porque el Hijo sabe la prioridad que el Padre le da a la santidad de Su nombre y porque sabe que el principal problema del creyente a lo largo de los siglos ha sido no honrar ese nombre. La deshonra del nombre de Dios ha producido mucho ruido y descrédito contra Él ante los incrédulos.

Por otro lado, en el Antiguo Testamento podemos observar la misma preocupación por la honra del nombre de Dios en la promulgación de los Diez Mandamientos, que fue la primera constitución que Dios otorgó a la nación de Israel. El tercer mandamiento se centra en la necesidad de salvaguardar el honor de Su nombre, y se expresa de la siguiente manera: "No tomarás el nombre del SEÑOR tu Dios en vano, porque el SEÑOR no tendrá por inocente al que tome Su nombre en vano" (Éx 20:7). No tomar el nombre del Señor en vano es el equivalente a honrarlo, y la frase significa no despojar el nombre de Dios de su verdadero significado. Esto fue precisamente lo que los sacerdotes judíos hicieron durante el tiempo de Malaquías. El nombre de Dios ya no significaba nada tanto para los sacerdotes como para el pueblo. Su conciencia estaba tan endurecida que no solo habían deshonrado el nombre del Señor, sino que también les resultó indiferente si el resto de la población trataba a Dios de la misma manera. Por esta razón, el pueblo traía animales enfermos para ser sacrificados y los sacerdotes los ofrecían a Dios sin tener ningún cargo de conciencia.

El mandato de no tomar el nombre de Dios en vano conlleva una consecuencia para quienes lo violan: "El SEÑOR no tendrá por inocente al que tome Su nombre en vano" (Éx 20:7b). Esta última frase es más fuerte de lo que parece a simple vista. Es una meiosis, es decir, una expresión que dice más de lo que parece decir. Si, por ejemplo, está ante un tribunal y el juez le advierte: "Si yo fuera usted, no haría eso"; ese juez no simplemente le está dando una recomendación, sino que le está haciendo una advertencia de que, si hace eso, tendrá que enfrentarse a la justicia. De igual manera, cuando la Palabra dice que Jehová no tendrá por inocente al que tome Su nombre en vano, realmente está diciendo que el Señor juzgará a aquellos que deshonren Su nombre.

Pero ¿qué tiene de especial un nombre y, en particular, el nombre de Dios? Dios ha sido cuidadoso con Su nombre porque este representa Su reputación, Su fama, Su esencia, y todo lo que Él es, como hemos destacado en otras ocasiones. En fin, si hay algo que sabemos es que Dios tiene el propósito de hacer que Su nombre sea glorificado. Observe cómo esto sale a relucir a través de distintos pasajes de la Escritura:

"¡Oh SEÑOR, Señor nuestro,
Cuán glorioso es Tu nombre en toda la tierra,
Que has desplegado Tu gloria sobre los cielos!" (Sal 8:1a)

"No obstante, los salvó por amor de Su nombre,
Para manifestar Su poder". (Sal 106:8)

"Él ha enviado redención a Su pueblo,
Ha ordenado Su pacto para siempre;
Santo y temible es Su nombre". (Sal 111:9)

De forma reiterativa la Palabra de Dios destaca la gloria, majestad, santidad y honor del nombre de nuestro Señor. De ahí que, en Salmos 138:2, el salmista afirma que Dios ha exaltado Su nombre y Su Palabra por encima de todo.

Cuando un cristiano que ha estado caminando bien comienza a pecar a sabiendas, está demostrando que ha perdido respeto por el nombre de Dios. Nadie entra en una práctica de pecado sin antes desensibilizarse ante la santidad del nombre de Señor. Primero deshonramos el nombre de Dios en nuestra actitud interior y luego lo profanamos en nuestras acciones exteriores. Lamentablemente, cuando un no creyente ve tal conducta en aquellos que dicen ser creyentes, se ve inclinado de manera natural a deshonrar o blasfemar el nombre de Dios. De hecho, esta fue la acusación de Pablo contra los judíos, como observamos en el siguiente versículo de Romanos:

"Porque tal como está escrito: 'EL NOMBRE DE DIOS ES BLASFEMADO ENTRE LOS GENTILES POR CAUSA DE USTEDES'". (Ro 2:24)

Amados pastores y consiervos en el Señor, reflexionemos por un instante: *¿Cuántas veces amigos o familiares han pensado mal o cuestionado el carácter de Dios debido a nuestra forma de hablar o de actuar?* Tendremos que rendir cuentas a Dios por el ejemplo que hemos dado a nuestras ovejas y a los que están bajo nuestra esfera de influencia. Ciertamente, el pacto bajo el cual vivimos hoy no es el pacto bajo el cual vivió el pueblo judío; pero el hecho de vivir bajo un pacto de mayor gracia solo agrava nuestra situación, tal como leemos en el siguiente pasaje de Hebreos:

"Porque si continuamos pecando deliberadamente después de
haber recibido el conocimiento de la verdad, ya no queda sacrificio alguno por los pecados, sino cierta horrenda expectación de
juicio, y la furia de UN FUEGO QUE HA DE CONSUMIR A LOS ADVER-
SARIOS. Cualquiera que viola la ley de Moisés muere sin misericordia por el testimonio de dos o tres testigos. ¿Cuánto mayor
castigo piensan ustedes que merecerá el que ha pisoteado bajo
sus pies al Hijo de Dios, y ha tenido por inmunda la sangre del
pacto por la cual fue santificado, y ha ultrajado al Espíritu de
gracia?" (He 10:26-29)

Según este pasaje, si hemos sido lavados por la sangre de Cristo o
santificados, que es la palabra que aparece en el versículo 29, y luego
pisoteamos al Hijo de Dios al vivir una vida de pecado, nuestras consecuencias serán mayores que las que sufrieron los que vivieron en
el Antiguo Testamento bajo un pacto de menor gracia. Y esto tiene
sentido, porque vivir bajo la gracia de Dios no rebaja el estándar de
nuestro Señor, sino que nos hace más responsables al haber recibido
mayor favor.

Durante la época de Malaquías, Dios estaba tan indignado con los
sacerdotes que prometió reprenderlos de dos maneras. Primero, Dios
reprendería a sus hijos, es decir, los descendientes de los sacerdotes
serían receptores de la disciplina merecida por sus padres. Así lo expresó Dios a través del profeta Malaquías cuando dijo: "Yo reprenderé
a su descendencia" (Mal 2:3a). A primera vista, parece injusto que Dios
traiga parte de la vergüenza sobre los descendientes de los sacerdotes, pero si consideramos que estos habían deshonrado lo más preciado
de Dios, Su nombre, entonces tiene sentido que Dios decida afectar lo
que más valoran los hombres: sus hijos, como una manera de llamar su
atención y reconducirlos hacia Él.

En Oseas 4:6, Dios deja ver esto de una manera más clara:

"Mi pueblo es destruido por falta de conocimiento. Por cuanto
tú has rechazado el conocimiento, Yo también te rechazaré para

que no seas Mi sacerdote.[26] Como has olvidado la ley de tu Dios, yo también me olvidaré de tus hijos". (Os 4:6)

De nuevo, hoy pudiéramos argumentar que ya no vivimos bajo el Antiguo Pacto. Sin embargo, en dos ocasiones en el Nuevo Testamento se nos dice que las cosas que le sucedieron a esa generación y que fueron registradas en la Palabra de Dios sucedieron y fueron escritas como ejemplos o enseñanzas para nosotros (1 Co 10:6 y 10:11). De manera que, detrás de estas historias del Antiguo Testamento hay verdades espirituales con implicaciones para el pueblo creyente de nuestros días. De lo contrario, ¿por qué escribirlas si no tendrían ningún valor para nosotros?

En segundo lugar, Dios reprende a los sacerdotes advirtiéndoles que les echaría estiércol en sus rostros. Si esto le parece extraño, observe a continuación las palabras exactas que Dios pronunció por medio de Su profeta:

"... y les echaré estiércol a la cara, el estiércol de sus fiestas, y serán llevados con él". (Mal 2:3b)

Durante las fiestas judías se sacrificaban más animales que en cualquier otra ocasión. Los animales que eran traídos al templo para ser sacrificados por lo general hacían sus necesidades en aquel lugar, muchas veces debido a la ansiedad que experimentaban al encontrarse entre la multitud y escuchar los gritos de los otros animales que estaban siendo sacrificados. Dios, conociendo esto, les dice a los sacerdotes que iba a tomar esa abundancia de estiércol y se la echaría en sus rostros, ya sea literalmente o como un símbolo de la profunda vergüenza que traería sobre ellos. Además, Dios les advierte que serían llevados junto con el estiércol cuando este fuera sacado del templo para ser desechado. Esto nos revela hasta qué punto Dios consideraba que los sacerdotes merecían ser reprendidos por haber menospreciado y deshonrado la santidad de Su nombre. No cabe duda de que detrás de una advertencia

---

[26] Aquí Dios se estaba dirigiendo a todo Israel como la nación sacerdotal, tal como leemos en Éxodo 19.

tan explícita se esconde un mensaje para los pastores y para todos los creyentes de la iglesia actual.

En Malaquías 2:4, Dios señala que cuando estas consecuencias recayeran sobre los sacerdotes, ellos reconocerían que Él había tomado muy en serio el mandato que dio a los descendientes de Leví. Luego, Dios detalla cómo los sacerdotes deben hablar y conducirse ante Él y el pueblo. Las Escrituras afirman que así se comportaron los primeros sacerdotes de la nación, pero el texto también nos demuestra que con el tiempo se desviaron del camino. Observe cómo Dios define la función sacerdotal en los siguientes versículos del capítulo dos de Malaquías:

> "El propósito de mi pacto con los levitas era darles vida y paz y eso fue lo que les di. De ellos se requería que me reverenciaran, y lo hicieron en gran manera y temieron mi nombre. Comunicaron al pueblo la verdad de las instrucciones que recibieron de mí. No mintieron ni estafaron; anduvieron conmigo y llevaron vidas buenas y justas e hicieron volver a muchas personas de sus vidas pecaminosas. Las palabras que salen de la boca de un sacerdote deberían conservar el conocimiento de Dios y la gente debería acudir a él para recibir instrucción, porque el sacerdote es el mensajero del SEÑOR de los Ejércitos Celestiales". (Mal 2:5-7, NTV).

Los sacerdotes del pueblo judío, también conocidos como los levitas, en esencia tenían dos instrucciones muy específicas. Por un lado, debían administrar los sacrificios que el pueblo ofrecía a Dios en el templo, asegurándose de que fueran animales sin defectos, sin manchas y sin enfermedades. Por otro lado, los levitas debían enseñar la ley de Dios al pueblo. En la actualidad, quienes desempeñan estas funciones son los pastores y líderes de la iglesia. Sin embargo, es lamentable que muchos de estos líderes han tropezado de la misma manera que los sacerdotes de aquel entonces.

Según los versículos que acabamos de citar, los levitas habían comenzado muy bien, pues reverenciaron el nombre de Dios en gran manera. No obstante, los sacerdotes contemporáneos a Malaquías hicieron lo opuesto: deshonraron el nombre del Señor. Los primeros sacerdotes supieron enseñar al pueblo la verdad de Dios, pero los sacerdotes denunciados en el libro de Malaquías, ni enseñaban la verdad ni vivían conforme a ella. Los primeros levitas no mintieron ni estafaron; pero estos sacerdotes sí lo hicieron. Mintieron y estafaron, y nada resulta más odioso para Dios que la mentira, porque es la antítesis de lo que Él es. La mentira quizás nos haga lucir bien delante de los hombres, pero nos desacredita ante de Cristo, quien se definió a Sí mismo como la verdad (Jn 14:6). De hecho, el autor de Proverbios enumera siete cosas que son abominación para el Señor, y dos de ellas están relacionadas con la mentira. Observe esto en los siguientes versículos:

> "Seis cosas hay que el Señor odia, y siete son abominación para Él: ojos soberbios, lengua mentirosa, manos que derraman sangre inocente, un corazón que trama planes perversos, pies que corren rápidamente hacia el mal, un testigo falso que dice mentiras, y el que siembra discordia entre hermanos". (Pr 6:16-19)

Los sacerdotes de la época de Malaquías se caracterizaron por practicar todas esas cosas que Dios odia; sin embargo, los levitas no comenzaron de esa manera. Aquellos primeros sacerdotes caminaron con Dios y llevaron vidas rectas y justas. Empezaron bien, pero el sacerdocio se degeneró con el tiempo. Esta es una de las grandes tragedias que afrontan muchos de los hijos y líderes del pueblo de Dios: comienzan muy bien, pero con el tiempo se vuelven indiferentes a lo sagrado. Así, de un momento a otro, la sagrada Palabra se convierte en una mera sugerencia y el Dios tres veces santo se percibe como un padre indulgente.

Con el paso del tiempo, el santo nombre de Dios se convierte en una fórmula de invocación para recibir bendiciones. Decimos: "Padre nuestro que estás en los cielos", pero no nos comportamos como Sus hijos aquí en la tierra. Es más, hemos llegado a estar tan familiarizados con las cosas sagradas que en ocasiones asistimos a funerales de personas que no conocieron a Dios y no sentimos pesar en lo absoluto al pensar que la persona que acabamos de despedir pasó a la condenación eterna. Así, hasta el infierno ha perdido su poder de persuasión. Nos familiarizamos con estas realidades, nos volvemos indiferentes, y en nuestra apatía perdemos la reverencia por el nombre de Dios, nos desorientamos, perdemos nuestro punto de referencia. Y esto es algo que aparentemente algunos nunca parecen recobrar. En esos casos, Dios ha pasado a ser parte de lo ordinario, de lo cotidiano, de lo negociable.

En el Antiguo Testamento, vemos que Dios continuamente señala a los sacerdotes como los responsables de que el pueblo llegara a profanar y menospreciar Su santo nombre. Por ello, a través del profeta Ezequiel, Dios dice:

> "Sus sacerdotes han violado Mi ley y han profanado Mis cosas sagradas; entre lo sagrado y lo profano no han hecho diferencia, y entre lo inmundo y lo limpio no han enseñado a distinguir; han escondido sus ojos de Mis días de reposo, y he sido profanado entre ellos". (Ez 22:26)

Vea ahora cómo se supone que debían hablar los sacerdotes y, por ende, cómo deberían hablar los pastores y líderes cristianos en nuestros días:

> "Pues los labios del sacerdote deben guardar la sabiduría, y los hombres deben buscar la instrucción de su boca, porque él es el mensajero del SEÑOR de los ejércitos". (Mal 2:7)

En otras palabras, los sacerdotes debían caracterizarse por su sabiduría al hablar, pues eran mensajeros del Señor en Israel y se esperaba que el pueblo recurriera a ellos en busca de instrucción. Por esta razón, sus vidas debían exhibir una coherencia entre lo que profesaban y lo que practicaban; entre lo que aconsejaban y lo que hacían. El mensaje y la vida del mensajero no debían entrar en contradicción porque eso traía descrédito al nombre de Dios, que fue justamente lo que ocurrió con los sacerdotes del tiempo de Malaquías y lo que con frecuencia vemos suceder en la iglesia actual.

A lo largo del Nuevo Testamento, Dios es retratado lleno de gracia, capaz de perdonar nuestros pecados. Sin embargo, en vez de estar agradecidos por esa gracia, con frecuencia terminamos abusando de ella, convirtiéndola en una "hipergracia", concepto mencionado por Wayne Grudem en su libro *Free Grace Theology: 5 Ways It Diminishes the Gospel* [Teología de la gracia libre: 5 maneras en que disminuye el evangelio]. Por ello, muchos líderes cristianos han rebajado el estándar de la Palabra de Dios, argumentando que "todo es por gracia", y justifican ciertas acciones o formas de vivir diciendo: "Yo no soy más que un hombre pecador al igual que ustedes". Ambas afirmaciones son ciertas, pero no invalidan el hecho de que los que hemos sido llamados al ministerio tenemos la obligación de ser ejemplo para aquellos que nos siguen. Si no podemos actuar de una forma digna del llamado que hemos recibido, quizá lo más adecuado sea retirarnos de la carrera ministerial. Ahora bien, la razón por la que afirmamos esto es por lo que Dios dice en el siguiente versículo:

"'Pero ustedes se han desviado del camino, han hecho tropezar a muchos en la ley, han corrompido el pacto de Leví', dice el Señor de los ejércitos". (Mal 2:8)

Note el contraste entre el versículo 6 y el versículo 8. Mientras los primeros levitas llevaban a muchos a volverse de su iniquidad (Mal 2:6), los levitas o sacerdotes judíos de la época de Malaquías hicieron tropezar a muchos por desviarse del pacto que Dios hizo con el linaje de Leví (Mal 2:8).

Sin duda, hacer volver a la gente de sus vidas pecaminosas no es tarea fácil ni placentera. Pero los pastores y líderes cristianos no tienen otra opción más que confrontar el pecado, algo que Pablo afirmó haber hecho en Éfeso día y noche durante tres años (Hch 20:31).

Cuando una oveja se desvía, es muy lamentable, pero suele afectar solo a ella. Sin embargo, cuando un líder se aparta del camino, por lo general arrastra consigo a muchas ovejas que lo han seguido y escuchado a lo largo de los años y que ahora se sienten justificadas al pensar: *Si mis líderes actúan y viven así, mi comportamiento, aunque similar o peor, no puede ser tan malo.* Y así, en vez de ser un buen ejemplo para las ovejas, muchos se convierten en piedras de tropiezo en las vidas de aquellos por quienes han de rendir cuentas.

Ante la decadencia del sacerdocio en tiempos de Malaquías, su desvío de la ley de Dios y cómo hicieron que muchos tropezaran por su mal ejemplo, Dios les dijo:

"Por eso Yo también los he hecho despreciables y viles ante todo el pueblo, así como ustedes no han guardado Mis caminos y hacen acepción de personas al aplicar la ley". (Mal 2:9)

Es decir, al haber actuado irreverentemente ante todo el pueblo, Dios también expuso su vileza y su vergüenza públicamente.

Es importante recordar que, aunque esta acusación apunta principalmente al sacerdocio de aquella época y contra los pastores y líderes espirituales actuales, en el Antiguo Testamento, Dios veía a Israel como una nación sacerdotal. Del mismo modo, en el Nuevo Testamento, los creyentes somos considerados un real sacerdocio (1 P 2:9). Por lo tanto, todo lo citado anteriormente tiene una aplicación en la vida de cada creyente hoy en día, pues como ya hemos mencionado antes, nosotros, los creyentes, somos los sacerdotes del Nuevo Testamento y nuestras vidas son los sacrificios que debemos ofrecer a Dios.

Más adelante, el profeta Malaquías le recuerda a la nación de Israel que ellos tienen un solo Padre y, por tanto, todos forman parte de una misma familia. Pero lamentablemente, Judá (todo el pueblo judío) había obrado deslealmente contra Dios, el Padre, y contra unos y otros. Y donde peor lucía esa deslealtad era en la institución del matrimonio. Observemos las palabras de Malaquías, según la versión de la Nueva Traducción Viviente:

"¿No somos hijos del mismo Padre? ¿No fuimos creados por el mismo Dios? Entonces, ¿por qué nos traicionamos unos a otros, violando el pacto de nuestros antepasados? Judá ha sido infiel y se ha hecho una cosa detestable en Israel y en Jerusalén. Los hombres de Judá han contaminado el amado santuario del SEÑOR, al casarse con mujeres que rinden culto a ídolos. Que el SEÑOR arranque de la nación de Israel hasta el último de los hombres que haya hecho esto y que aun así lleva una ofrenda al Señor de los Ejércitos Celestiales". (Mal 2:10-12, NTV)

La conciencia del pueblo se había endurecido a tal manera que los hombres, incluyendo los sacerdotes, estaban casándose con mujeres paganas que rendían culto a dioses paganos, algo que Dios les había prohibido terminantemente, de la misma manera que al creyente de hoy le está prohibido unirse en yugo desigual, es decir, casarse con personas no creyentes. Y como resultado, los hombres judíos terminaron adorando a esos dioses paganos y contaminando así la adoración a Dios, pues despreciaron todo lo que Él les había ordenado. Tristemente, muchos en la iglesia de Cristo continúan haciendo lo mismo que hizo Judá y nunca parece que aprenden la lección.

Finalmente, cuando Dios dejó de escuchar las oraciones de Su pueblo, el pueblo fue a quejarse con Él, sin comprender la razón por la que Él ya no quería escucharlos. Así lo vemos descrito en los siguientes versículos:

"Y esta otra cosa hacen: cubren el altar del Señor de lágrimas, llantos y gemidos, porque Él ya no mira la ofrenda ni la acepta con agrado de su mano. Y ustedes dicen: '¿Por qué?'. Porque el Señor ha sido testigo entre tú y la mujer de tu juventud, contra la cual has obrado deslealmente, aunque ella es tu compañera y la mujer de tu pacto. Pero ninguno que tenga un remanente del Espíritu lo ha hecho así. ¿Y qué hizo este mientras buscaba una descendencia de parte de Dios? Presten atención, pues, a su espíritu; no seas desleal con la mujer de tu juventud. 'Porque Yo detesto el divorcio', dice el Señor, Dios de Israel, 'y al que cubre de iniquidad su vestidura', dice el Señor de los ejércitos. 'Prestad atención, pues, a su espíritu y no sean desleales'". (Mal 2:13-16)

Una vez más, este comportamiento nos habla de cuán endurecido estaba el corazón de los hombres de este pueblo. A pesar de cometer adulterio contra la mujer de su juventud, divorciarse de ella y casarse con mujeres paganas, no entendían por qué Dios se negaba a escuchar sus oraciones cuando se presentaban en el templo para adorar. Estos hombres derramaban lágrimas en el altar, pero nunca admitieron que habían obrado deslealmente contra Dios y contra la mujer de su juventud al cometer adulterio, divorciarse de ella y casarse con mujeres extranjeras.

En Malaquías 2:16 nos encontramos con la expresión más fuerte pronunciada por Dios en contra del divorcio. Él dice: "Yo odio el divorcio". Ahora, que quede bien claro que Dios no odia a los divorciados, pero sí odia este pecado de manera particular y por más de una razón. A lo largo del Nuevo Testamento, aprendemos que el matrimonio simboliza la unión de Cristo con Su iglesia. Por lo tanto, cuando un divorcio se da, esa rotura deshonra lo que esa relación representa: la unión permanente e indivisible que Cristo ha hecho con Su iglesia. El divorcio entre creyentes da una mala reputación al nombre de Dios y, sobre todo, la unión sagrada entre el Hijo de Dios y la iglesia que Dios Padre le ha dado como esposa.

Otra razón por la que Dios odia el divorcio se encuentra en Malaquías 2:15. Este pasaje ha sido interpretado de diversas maneras en distintas versiones bíblicas debido a la complejidad del lenguaje original. Algunas versiones hablan de que Dios hizo de dos personas una sola porque buscaba una descendencia santa para Él. En otras palabras, cuando dos creyentes se unen en matrimonio, se convierten en una sola carne. Criar a sus hijos en un matrimonio estable, bajo valores y criterios compartidos, garantiza de una mejor forma que esa descendencia pueda ser una que honre a Dios. Por el contrario, cuando un creyente se casa con un no creyente, desde el nacimiento del primer hijo habrá una batalla con relación a cómo criar a esa nueva vida. Uno de los cónyuges querrá educarlo en el temor del Señor, mientras que el otro preferirá una educación más mundana para agradar al mundo y ser aprobado por él. Esta tensión entre cónyuges deshonra el nombre de Dios desde el principio, y por ello Dios se opone a las uniones desiguales entre creyentes y no creyentes.

El divorcio y las uniones en yugo desigual se volvieron comunes entre los hombres judíos de la época de Malaquías, y lo que es peor, también entre los sacerdotes de aquellos tiempos. Por esta razón, aunque los sacerdotes colmaron el altar de lágrimas, llantos y gemidos, Dios no miró con agrado sus ofrendas y decidió ignorar sus oraciones. A través de las palabras pronunciadas por Dios mediante el profeta Malaquías, podemos percibir Su indignación hacia aquellos que han pisoteado lo que Él considera sagrado. Si bien el divorcio no es el pecado imperdonable, sí es un acto pecaminoso que provoca a Dios, que deshonra Su nombre y contradice la relación entre Su Hijo y la iglesia, a la que llama Su novia.

Reflexión final

En resumen, Dios odia el divorcio porque viola los votos que ambos cónyuges hicieron entre sí delante de Él, quien es testigo universal de todas las uniones matrimoniales que se han producido a lo largo de los siglos. En el libro de Deuteronomio leemos lo siguiente: "Cuando hagas un voto al Señor tu Dios, no tardarás en pagarlo, porque el Señor tu Dios ciertamente te lo reclamará, y sería pecado en ti si no lo cumples" (Dt 23:21). En esencia, al romper los votos matrimoniales por medio de un divorcio estamos deshonrando la santidad del nombre de Dios, puesto que esos votos se hicieron delante de Él. Además, Dios odia el divorcio, ya que, como hemos mencionado, menosprecia lo que el matrimonio simboliza: la unión de Cristo con la iglesia. Finalmente, Dios odia el divorcio por las profundas consecuencias que trae no solo para los cónyuges, sino también para los hijos de aquellos que han disuelto su unión matrimonial.

Asimismo, Dios odia las uniones en yugo desigual porque, como bien dijo Pablo a los corintios, no hay nada en común entre Cristo y Belial, entre Dios y Satanás, entre un creyente y un incrédulo (2 Co 6:15). Las uniones en yugo desigual dificultan el desarrollo de una descendencia santa para Dios. Esto es lo que Él buscaba al llamarnos a ser una sola carne, pero el constante conflicto de valores que se da en la pareja y el eventual debilitamiento de la fe del cónyuge creyente, muchas veces provocado por la mala influencia del cónyuge no creyente, impiden su realización.

Mediante la presentación de toda esta evidencia de infidelidad y deshonra por parte del liderazgo, Dios nos deja ver hasta dónde se había corrompido la vida de adoración de la nación de Israel. Los sacerdotes, que se supone eran los mensajeros del Señor, en vez de instruir al pueblo en la ley de Dios, incurrieron en las mismas prácticas pecaminosas que el pueblo, y no supieron distinguir lo sagrado de lo profano, ni lo puro de lo impuro, profanando así el altar del Señor. Por ende, no cumplieron la función que Dios les encargó, pues no les enseñaron a los hijos de Israel a respetar y a honrar el santo nombre del Señor.

Es nuestra oración que estos pasajes de la Escritura, al ser revisados, sirvan de reflexión e introspección. Esperamos que cada familia, matrimonio e individuo expuesto a estas verdades tenga un tiempo especial de quebrantamiento, arrepentimiento, limpieza espiritual y un regreso a Dios, para que Él no solo forme parte de nuestras vidas, sino que se convierta en el centro de ellas.

6

UN DIOS FIEL
A UN PUEBLO INFIEL

"Porque Yo, el Señor, no cambio; por eso ustedes, oh hijos de Jacob, no han sido consumidos". **Mal 3:6**

Una de las bendiciones derivadas de la pandemia del coronavirus es que me hizo reflexionar sobre pasajes bíblicos que no son muy visitados porque se encuentran en el Antiguo Testamento, una sección de la Biblia que no es la preferida por la mayoría de las personas, ni siquiera de la mayoría de los predicadores. Sin embargo, como decía R. C. Sproul, esa es la porción de la Escritura que nos permite apreciar mejor el carácter de Dios en todas sus dimensiones. Además, es esencial recordar que, según el Nuevo Testamento y, específicamente, como lo expone el apóstol Pablo a los corintios, todas las narraciones contenidas ahí fueron registradas para nuestra instrucción y como ejemplo para nosotros (1 Co 10:11). De manera que, cuando omitimos esta porción de las Escrituras, nos privamos de una gran cantidad de historias instructivas y aleccionadoras, seleccionadas por Dios para beneficio de Su pueblo de todas las épocas, hasta Su regreso.

Por este motivo, en los capítulos anteriores hemos analizado pasajes que nos permiten ver qué dijo Dios y qué hizo el pueblo de Dios en tiempos de intensa dificultad, confusión y sufrimiento. Particularmente, nos hemos enfocado en el libro del profeta Malaquías, que presenta un vistazo a la historia del pueblo hebreo desde una perspectiva única. En dicho libro, el profeta relata un debate entre Dios y Su pueblo, donde Dios hace una afirmación y esta declaración es seguida por una refutación de parte del pueblo que desafía la veracidad de lo que Dios ha expresado. Resumidamente, Dios inicia afirmando Su amor por Israel, y el pueblo responde que no entiende cómo Dios puede decir eso porque ellos no han evidenciado tal amor. Posteriormente, Dios sostiene que los líderes del pueblo, los sacerdotes, no habían honrado Su santo nombre, y ellos responden cuestionando y pidiéndole a Dios que esclarezca de qué manera ellos habían menospreciado Su nombre. Finalmente, el Señor opta por no aceptar las ofrendas del pueblo ni atender sus oraciones, pese a que acudían a Su altar con lágrimas. Ante esta acción de Dios, el pueblo cuestiona diciendo: "Por qué? No entendemos por qué has cerrado Tus oídos a nuestras súplicas y has cerrado Tus manos para no recibir nuestras ofrendas". El Señor les responde diciendo: "Porque has sido desleal contra la mujer de tu juventud. Has cometido adulterio, te has divorciado de ella y te has casado con mujeres paganas que no te eran lícitas". En otras palabras, el pueblo de Dios se había vuelto insensible debido a sus pecados y se había rebelado contra Él, llegando al punto de discutir con Dios como si fuera un igual.

El texto principal de este capítulo se encuentra en Malaquías 3, pero es preciso comenzar con Malaquías 2:17, pues dicho versículo conecta perfectamente el capítulo anterior y el mensaje que queremos abordar en esta ocasión. Dicho esto, veamos el texto de Malaquías 2:17–3:7a:

> "Ustedes han cansado al Señor con sus palabras. Y dicen: '¿En qué lo hemos cansado?'. Cuando dicen: 'Todo el que hace mal es bueno a los ojos del Señor, y en ellos Él se complace; o: ¿Dónde está el Dios de la justicia?'". (Mal 2:17)

> "'Yo envío a Mi mensajero, y él preparará el camino delante de Mí. Y vendrá de repente a Su templo el Señor a quien ustedes buscan; el mensajero del pacto en quien ustedes se complacen, ya viene', dice el Señor de los ejércitos. ¿Pero quién podrá soportar el día de Su venida? ¿Y quién podrá mantenerse en pie

cuando Él aparezca? Porque Él es como fuego de fundidor y como jabón de lavanderos. Y Él se sentará como fundidor y purificador de plata, y purificará a los hijos de Leví y los acrisolará como a oro y como a plata, y serán los que presenten ofrendas en justicia al Señor. Entonces será grata al Señor la ofrenda de Judá y de Jerusalén, como en los días de antaño y como en los años pasados. Me acercaré a ustedes para el juicio, y seré un testigo veloz contra los hechiceros, contra los adúlteros, contra los que juran en falso y contra los que oprimen al jornalero en su salario, a la viuda y al huérfano, contra los que niegan el derecho del extranjero y los que no me temen', dice el Señor de los ejércitos. *'Porque Yo, el* Señor, *no cambio; por eso ustedes, oh hijos de Jacob, no han sido consumidos.* Desde los días de sus padres se han apartado de Mis estatutos y no los habéis guardado'". (Mal 3:1-7a, énfasis añadido)

Las dos acusaciones contra Dios

Malaquías, actuando como interlocutor entre Dios y Su pueblo, afirma que ellos habían cansado al Señor con sus palabras. El término traducido como "cansado" es la palabra hebrea *yagá*, que solo aparece cuatro veces en esta forma verbal en el Antiguo Testamento: dos veces en el texto que acabamos de citar y otras dos veces en Isaías 43:23-24. Esta palabra significa estar exhausto después de una labor intensa. En este caso, la palabra se aplica de manera metafórica a Dios, quien manifiesta estar cansado o, en términos más coloquiales, hastiado por la manera en que el pueblo estaba relacionándose con Él. En palabras de David Baker: "Es como si Dios estuviera, en cierta manera, debilitado por el tedio o el fastidio provocado por la adoración superficial del pueblo, que se manifestaba en palabras, pero no en acciones".[27]

Dios estaba tan desencantado de la adoración vacía de Su pueblo que, en Malaquías 1:10, dice: "¡Oh, si hubiera entre ustedes quien cerrara las puertas para que no encendieran Mi altar en vano!". Ya Dios no quería ver un sacrificio más ni oír una palabra más de un pueblo que

---

[27] David W. Baker, *The NIV Application Commentary* (Grand Rapids, MI: Zondervan, 2006), p. 266.

iba al templo a adorar, pero que vivía un estilo de vida más propio de paganos. Indudablemente, llega un punto en el que Dios, en un sentido metafórico, se siente cansado de oírnos orar de una manera y de vernos vivir de otra.

Cuando Dios afirma, en Malaquías 2:17, que el pueblo lo tiene fastidiado con su palabrería, el pueblo refuta a Dios y plantea dos acusaciones en Su contra. La primera acusación del pueblo contra Dios es que Dios no tiene un criterio para juzgar lo bueno o lo malo. De hecho, acusaron a Dios de llamar a lo malo bueno. La segunda, es que Dios no hace justicia. Ambas acusaciones son sumamente graves ante el justo y santo Dios del universo.

En la primera acusación, que se encuentra en Malaquías 2:17, el pueblo comienza preguntando: "¿En qué lo hemos cansado?". Malaquías, hablando en nombre de Dios, responde: "Cuando dicen: 'Todo el que hace mal es bueno a los ojos del SEÑOR, y en ellos Él se complace'". La Nueva Traducción Viviente lo dice de esta forma: "Lo cansaron diciendo que todos los que hacen el mal son buenos a los ojos del SEÑOR y que él se agrada de ellos". El pueblo estaba acusando a Dios de lo mismo que Él había acusado al pueblo en Isaías 5:20, cuando dijo: "¡Ay de los que llaman al mal bien y al bien mal, que tienen las tinieblas por luz y la luz por tinieblas, que tienen lo amargo por dulce y lo dulce por amargo!" El pueblo estaba acusando a Dios de ser tan malvado como ellos. Es increíble que Israel llegara a ese extremo.

En ocasiones hemos escuchado argumentos similares de creyentes cuando al tener que confrontar a alguien con su pecado. En algunos casos, la persona responde diciendo: "No sé de qué me hablas. Veo a mucha gente que ha violado la ley de Dios y les va muy bien". En otras palabras, ese individuo cree, al igual que el pueblo de Dios en tiempos de Malaquías, que Dios se complace en los que hacen el mal. ¿Puede imaginarse lo oscurecida que puede estar la conciencia y el juicio de un pueblo o de un supuesto creyente al pensar que Dios carece de un marco moral? La situación de Israel era peor: acusaban a Dios de tener un marco moral tan pervertido que confundía lo bueno con lo malo, y viceversa, y que, además, se complacía en los que actuaban mal. Tal es la naturaleza del pecado, que lleva al hombre a juzgar a todos, incluso a

Dios, mientras se justifica a sí mismo. Salomón hizo algo similar cuando se desvió (véase Ec 8:14-15).

Sin embargo, si hubo alguna vez una ocasión cuando lo bueno fue visto o tratado como malo y lo malo fue visto o tratado como bueno fue en el juicio de Cristo. Barrabás, el culpable, fue visto como bueno y dejado en libertad. Pero Cristo, el inocente, fue visto como malo y condenado a muerte. Luego, en la cruz, sucedió algo similar. Allí, Aquel que no conoció pecado (lo bueno) fue hecho pecado y, por tanto, tratado como malo, para que nosotros (los malos) pudiéramos ser vistos como buenos y ser tratados como tales. De esta manera, debido al sacrificio sustitutivo de Cristo, podemos llegar a ser justicia de Dios en Él. Así que, la única ocasión donde lo bueno fue visto como malo y lo malo fue visto como bueno fue para beneficio nuestro, a expensas de la vida de nuestro Señor y Salvador.

La segunda acusación que el pueblo levanta contra Dios es que a Él le tiene sin cuidado la injusticia o la maldad que ocurre en este mundo. Esto lo vemos cuando ellos reclaman y dicen: "¿Dónde está el Dios de la justicia?" (Mal 2:17b). Este reclamo se parece un poco al sentimiento que Habacuc expresó al no entender cómo Dios, siendo tan puro, podía tolerar ver una injusticia que el mismo profeta no podía soportar (Hab 1:2-4).

La respuesta de Dios en tres verdades contundentes

Dios comienza a responder la pregunta de Israel en Malaquías 3:1-3. En estos versículos, el profeta, hablando en nombre de Dios, presenta tres verdades contundentes:

1. Dios primero enviará un mensajero a preparar el camino.

"Yo envío a Mi mensajero, y él preparará el camino delante de Mí. Y vendrá de repente a Su templo el Señor a quien ustedes buscan; el mensajero del pacto en quien ustedes se complacen, ya viene», dice el Señor de los ejércitos". (Mal 3:1)

Los académicos están de acuerdo en que el mensajero del que se habla aquí es Juan el Bautista, quien vino a introducir al Mesías tan esperado desde la antigüedad. Observe las palabras de Juan el Bautista para el pueblo judío: "Arrepentíos, porque el reino de los cielos se ha acercado" (Mt 3:2). El Evangelio de Mateo introduce a Juan el Bautista citando a Isaías 40:3, afirmando así lo siguiente:

"Porque este Juan es aquel a quien se refirió el profeta Isaías, cuando dijo: 'Voz del que clama en el desierto: "Preparen el camino del Señor, hagan derechas Sus sendas"'". (Mt 3:3)

De modo que, no solo Isaías se refirió de forma profética a este mensajero que vendría a preparar camino al Señor, sino que Malaquías también lo hizo. Y nosotros sabemos, sin lugar a duda, que la persona a quien Juan el Bautista vino a presentar no es otra que Jesús mismo, quien es llamado "el Señor de los ejércitos" en Malaquías 3:1. Cristo es el Señor que vendría de repente a Su templo; el mensajero del pacto en quien el pueblo de Dios estaba supuesto a deleitarse (Mal 3:1), aunque esa no era la realidad en aquel tiempo.

Ahora bien, la llegada del Mesías al templo a la que se refiere el texto de Malaquías se ha visto de dos formas. La primera es que, en Su primera venida, un día Jesús se apareció de repente en el templo y lo limpió. Echó fuera a los cambistas y tumbó sus mesas (Mt 21:12-13). Esto fue un símbolo del juicio que habría de venir más tarde. La segunda forma en que esta frase ha sido vista, especialmente por aquellos que creen en el establecimiento de un templo en el milenio, es que para esa época, Israel levantará un nuevo templo y el Señor hará Su entrada en ese templo. De hecho, los judíos que todavía están esperando al Mesías entienden que Él vendrá y entrará por la puerta Este de ese futuro templo (Ez 43:1-5). Y cuando Él aparezca en aquel tiempo, no vendrá para traer salvación, sino para traer juicio.

Así que, Malaquías parece estar respondiendo a la pregunta que el pueblo estaba haciendo: "¿Dónde está el Dios de la justicia?" (Mal 2:17b). Veamos la segunda afirmación de parte de Dios.

2. El Señor que fue presentado por Juan el Bautista vino y ha de volver.

La segunda verdad contenida en el pasaje de Malaquías 3:1-3 es que el mensajero enviado por Dios, Juan el Bautista, presentó al Mesías que vino y ese es el mismo que ha de volver. Y sobre esa Segunda Venida, Malaquías dice lo siguiente:

> "¿Pero quién podrá soportar el día de Su venida? ¿Y quién podrá mantenerse en pie cuando Él aparezca?". (Mal 3:2a)

Cuando el Señor de los ejércitos vuelva y juzgue a todo el mundo según Su estándar de perfección, tomando en cuenta no solo las acciones de los hombres, sino también las motivaciones y las intenciones de los corazones, no habrá nadie que pueda soportar tal juicio.

El "problema" de tener a Dios como juez es que Él no solo juzga los pecados públicos, sino también los privados: los secretos. Y cuando hablamos de pecados privados no nos referimos simplemente a los pecados cometidos en un lugar donde nadie pudo verlos, sino también a los pecados que tienen lugar en la mente, a los pensamientos que violan la ley de Dios y a los deseos del corazón que son contrarios a los deseos de Dios. Bajo tal criterio, podemos resaltar dos cosas: no hay nadie que pueda soportar el juicio de Dios; y no hay nadie que pueda pararse ante la Corte celestial sin quedar convicto de pecado. De hecho, si reflexionamos en los Diez Mandamientos, nos daremos cuenta de que todos somos culpables de haber violado, de una u otra forma, desde el primero hasta el último de los Diez Mandamientos.

Si realmente conociéramos el corazón y la mente de todos los seres humanos, entenderíamos que la raza humana es culpable de transgredir la ley de Dios de manera recurrente. Peor aún, la Palabra misma establece en Santiago 2:10 que, al violar uno de los mandamientos de la ley de Dios, somos culpable de haberlos violado todos. ¿Por qué? Porque Dios no tiene diez leyes distintas, sino un conjunto de mandamientos llamados la ley. Al violar cualquiera de Sus preceptos, violamos toda la Ley. Por ello, al pensar en las preguntas, *¿Pero quién podrá soportar el día de Su venida? ¿Y quién podrá mantenerse en pie cuando Él aparezca?*

(Mal 3:2a), debemos concluir lo siguiente: nadie puede resistir la justicia de Dios.

En el día del juicio, los hijos de Dios quedaremos de pie, pero por una sola razón: porque el peso de la justicia de Dios, el fuego de Su ira, recayó sobre el Hijo; y cuando pasó por Él, casi fue consumido. De ahí Su clamor: "Dios Mío, Dios Mío, ¿POR QUÉ ME HAS ABANDONADO?" (Mt 27:46b). Es más, cuando Cristo habló del bautismo por el cual tenía que pasar, refiriéndose a la hora de Su muerte, dijo: "¡Cómo me angustio hasta que se cumpla!" (Lc 12:50). Así que ni el Hijo de Dios escapó del juicio de Dios cuando tomó nuestro lugar. Y si el Hijo de Dios, por poco no pudo resistir el peso de Su ira, ¡cuánto menos podríamos nosotros! Por eso, damos gracias a Cristo Jesús por estar dispuesto a beber la copa que no podíamos beber.

3. El Señor vendrá a juzgar y a purificar.

Lo anterior nos lleva a la tercera verdad contenida en Malaquías 3:1-3: el Señor vendrá a juzgar y a purificar a Su pueblo. Para comunicar esto, Malaquías usa dos imágenes distintas. Repasemos el referido pasaje bíblico:

> "Porque Él es como fuego de fundidor y como jabón de lavanderos. Y Él se sentará como fundidor y purificador de plata, y purificará a los hijos de Leví y los acrisolará como a oro y como a plata, y serán los que presenten ofrendas en justicia al SEÑOR". (Mal 3:2b-3)

El primer símbolo es el del fuego de fundidor. El fuego elimina las impurezas del oro y de la plata, es decir, sirve de agente purificador; pero también representa algo que, cuando llega a nosotros, produce dolor. De manera que, la purificación de la cual habla Malaquías podría ser un tanto dolorosa, aun para los hijos de Dios. Ciertamente, Dios no castiga a Sus hijos, porque el juicio y el castigo por sus pecados recayeron sobre los hombros de Cristo, pero sí los disciplina, y esta disciplina del Señor en ocasiones puede ser muy severa. Por ello, el autor de la carta a los Hebreos dice que a quien Dios ama, Él azota, refiriéndose a la severidad de Su disciplina (He 12:6).

El segundo símbolo usado por Malaquías es el del jabón de lavanderos, otro agente purificador que sirve para blanquear y eliminar la suciedad de la ropa. Quitar ciertas manchas de la ropa a veces implica estregarla, y en la antigüedad esto se hacía incluso golpeando la ropa contra una roca, como todavía hacen quienes lavan a orillas de los ríos.

Ambas imágenes (el fuego de fundidor y el jabón de lavanderos) apuntan a que el Señor vendrá a juzgar, purificar y limpiar a Sus hijos. Ahora bien, la purificación de los hijos de Dios es un proceso y no un simple "borrón y cuenta nueva". Es un proceso de santificación que comienza el día de nuestra salvación y que termina el día de nuestra entrada al reino de los cielos. Tal vez sea a este proceso de purificación y limpieza que se refiere el apóstol Pedro cuando habla de que "es tiempo de que el juicio comience por la casa de Dios" (1 P 4:17). Siempre ha sido así. Dios no exigiría de los incrédulos lo que no pide primero a los creyentes. De hecho, el texto de Malaquías dice que el Señor purificará a los hijos de Leví, o sea, a los sacerdotes, quienes se habían corrompido (Mal 3:3). Estaban encargados de ofrecer sacrificios para la expiación del pecado, pero se corrompieron tanto como el pueblo. Eso los descalificó para ofrecer dichos sacrificios. Sería como si los pastores de la iglesia de hoy se contaminaran con el pecado de tal forma que quedaran descalificados para predicar o incluso para orar por el pueblo de Dios.

La desviación de los líderes y, por ende, del pueblo de Dios es la razón por la que el Señor ha decidido purificar a Su iglesia como se hace con el oro y la plata. Nadie conoce mejor que Él las terribles consecuencias del pecado. Por ello, está comprometido con remover de nuestras vidas todo lo que nos esclaviza y nos impide disfrutar la libertad y la vida abundante que Cristo compró para nosotros en la cruz del Calvario. Así que, cuando Dios ve a Sus hijos asfixiados por hábitos de pecado que ellos mismos han cultivado, en Su gran amor y fidelidad, nos disciplina como parte del proceso de refinamiento que tiene como meta nuestra santificación. Y, como ya mencionamos, ese proceso puede resultar muy doloroso.

Bajo el sol, los hijos de Dios a menudo enfrentamos pruebas y dificultades de diferentes tipos, formas, duraciones e intensidades. Algunas parecen tener nuestro nombre escrito en grande, mientras que otras dicen: "A quien pueda interesarle". Independientemente del caso, mucho de lo que llamamos pruebas o tribulaciones es en realidad parte de la disciplina de Dios que el autor de Hebreos describe, diseñada específicamente para nuestra santificación.

El juicio de Dios como respuesta

Dirigiéndose a los líderes del pueblo judío de aquel tiempo, Dios dice a través del profeta Malaquías:

> "'Me acercaré a ustedes para el juicio, y seré un testigo veloz contra los hechiceros, contra los adúlteros, contra los que juran en falso y contra los que oprimen al jornalero en su salario, a la viuda y al huérfano, contra los que niegan el derecho del extranjero y los que no me temen', dice el SEÑOR de los ejércitos". (Mal 3:5)

Aquí hay un juicio anunciado contra todo tipo de pecado y tipo de personas.

- **Contra los hechiceros.** Al leerlo usted podría pensar: "Yo no soy culpable de ese pecado", pero la Palabra de Dios dice que la rebelión es como el pecado de hechicería (1 S 15:23). De manera que, si somos rebeldes, es como si fuéramos hechiceros en cuanto al juicio que nos correspondería recibir.
- **Contra los adúlteros.** "Yo no soy culpable de este pecado", dirán muchos, pero piense por un momento: ¿Ha estado en una habitación con alguien que no es su cónyuge? ¿Ha estado en su mente con alguien que no le es lícito? ¿Ha estado frente a una computadora deseando a alguien por encima de la mujer de su juventud? Recuerde que Dios no solo juzga nuestras acciones, sino también las motivaciones y las intenciones del corazón.
- **Contra los que juran en falso.** Quizás es de aquellos que no hacen juramento; pero si alguna vez ha hablado mentiras y sobre todo mentiras para ocultar su pecado, es merecedor del juicio de Dios.

- **Contra los que oprimen al jornalero en su salario, a la viuda y al huérfano.** ¿Es de los que desea pagar menos por el trabajo que hacen otras personas que tienen mucho menos que usted? Porque, de ser así, es culpable de oprimir al jornalero al quedarse con parte de su salario. ¿Ha sido sensible a las necesidades de las viudas y los huérfanos a su alrededor? De no ser así, eso también pesa en su contra.

- **Contra los que niegan los derechos de los extranjeros.** Al dar Su ley, Dios instó al pueblo hebreo a mostrar amor y compasión hacia los extranjeros que habitaban entre ellos. Para garantizar esto, Dios les otorgó ciertos derechos, como el de alimentarse de la tierra de forma gratuita en el séptimo año, período en el que no se esperaba que la tierra fuera trabajada. Esto fue estipulado por Dios para el descanso de la tierra y para que los necesitados pudieran beneficiarse de ella (Lv 25:1-17). En la actualidad, el equivalente a violar este mandato sería ignorar a los extranjeros que están a nuestro alrededor, lejos de su tierra natal y de sus familiares.

- **Contra quienes no temen al Señor.** De cada uno de nosotros se podría decir que nos ha faltado el temor del Señor cuando hemos pecado conscientemente. El temor del Señor, según la Palabra, no se limita a la reverencia debida a Su santo nombre, sino que también implica un verdadero temor a Su disciplina. Por eso, en una de sus cartas, Pablo dice: "Conociendo el temor del Señor, persuadimos a los hombres" (2 Co 5:11). Esta expresión es una forma de decir: "Conociendo la ira y el juicio inminente del Señor, convencemos a los hombres de su necesidad de salvación".

El juicio del Señor recae sobre todo tipo de pecados, como ya vimos, y sobre toda persona, ya sea rica o pobre; nacional o extranjera; judío o gentil; hombre o mujer; joven o persona de edad avanzada; reconocida o desconocida; poderosa o sin influencia. Nadie escapa al escrutinio de Dios, así como nadie quedará exento del juicio que acarrea toda transgresión a Su ley.

La fidelidad de Dios en medio del juicio

A pesar de la evidente infidelidad de Israel y del juicio que les había sido anunciado a través de Malaquías, Dios continúa hablando a Su pueblo y declara lo siguiente:

> "Porque Yo, el Señor, no cambio; por eso ustedes, oh hijos de Jacob, no han sido consumidos. Desde los días de sus padres se han apartado de Mis estatutos y no los han guardado". (Mal 3:6-7a)

En estos dos versículos, hay dos entidades que no cambian. El Señor siempre permaneció fiel a pesar de la infidelidad de Su pueblo y a pesar de los desafíos a Su autoridad, como hicieron los sacerdotes de Israel. Y el hombre, que desde la época de sus antepasados ha despreciado y desobedecido los decretos del Señor. Adán no guardó los mandatos de Dios, y sus descendientes tampoco.

Sin embargo, en Malaquías 2:17, el pueblo cuestiona dónde está el Señor de la justicia, y Dios responde: "Yo haré justicia en Mi tiempo y a Mi manera". A ese tiempo y forma de traer justicia se le conoce como "el día del Señor". La frase aparece por primera vez en Éxodo 32:34 y luego en Amós 5:20, Joel 2:11, Sofonías 1:15 y Malaquías 4:5. En los dos últimos pasajes, se describe ese día como "grande y terrible". Por ello, Malaquías plantea: "¿Pero quién podrá soportar el día de Su venida? ¿Y quién podrá mantenerse en pie cuando Él aparezca?" (Mal 3:2). La respuesta se halla tanto en el Antiguo como en el Nuevo Testamento. Habacuc 2:4 nos enseña que "el justo por la fe vivirá", algo que Pablo reitera más adelante en Romanos 1:17. En el día del Señor, los hijos de Dios permanecerán en pie porque el Dios de justicia por el que tanto aclamaba el pueblo en tiempos de Malaquías cargó todo el fuego de Su ira sobre Su Hijo en la cruz del Calvario. La fe en el sacrificio de Cristo será lo único que nos mantendrá de pie en ese grande y terrible día.

El juicio de ese día será conforme al carácter santo de Dios. Hemos cometido tantas transgresiones que mereceríamos ser consumidos repetidamente. Pero hay una razón por la que la humanidad entera no ha sido consumida por la ira de Dios: Su gran misericordia y fidelidad. Malaquías 3:6 lo dice de esta manera: "Porque Yo, el Señor, no cambio;

por eso ustedes, oh hijos de Jacob, no han sido consumidos". No tiene que ver con nuestro buen comportamiento o rectitud. Aun después de ser salvos, hemos pecado de múltiples formas mereciendo ser consumidos. No obstante, Dios, fiel a la obra de Su Hijo nos ha preservado a pesar de nuestra infidelidad.

Sobre esa misericordia y fidelidad del Señor, el profeta Jeremías dice:

"Esto traigo a mi corazón, por esto tengo esperanza: Que las misericordias del SEÑOR jamás terminan, pues nunca fallan Sus bondades; son nuevas cada mañana; ¡grande es Tu fidelidad!". (Lm 3:21-23)

Dios salva a los Suyos a pesar de haber sido infieles, orgullosos, arrogantes, adúlteros, injustos, opresores de los que menos tienen, e insensibles. Sucede así porque nuestra salvación no depende de lo que somos, sino de lo que Dios es. Pablo escribió a su discípulo Timoteo: "Si somos infieles, Él permanece fiel, pues no puede negarse a sí mismo" (2 Ti 2:13, LBLA). Nuestra infidelidad y maldad se hacen patentes en la cruz, donde también contemplamos la fidelidad de Dios. La crueldad de la crucifixión de Cristo muestra lo horripilante de nuestro pecado. En aquel momento, muchos que pasaron frente a la cruz voltearon el rostro para no ver la horrorosa escena (Is 53:3). Hoy, muchos harían lo mismo si vieran la fealdad de nuestro pecado, especialmente al vernos con los brazos levantados adorando a Dios.

Reflexión final

Después de tantas malas nuevas que hemos leído a través de los profetas del Antiguo Testamento (refiriéndonos a Jeremías, Oseas, Habacuc y Malaquías), el propio Malaquías comienza a mostrarnos un rayo de esperanza: la venida de un mensajero que sería la solución a todos los problemas de la humanidad. Un mensajero fiel a la ley de Dios, a Sus propósitos y a Su palabra. Este mensajero ya vino y dio Su vida en la cruz. Allí, estuvo dispuesto a ser visto como pecador, siendo justo, para que nosotros, siendo pecadores, pudiéramos ser vistos como justos, tan rectos como si hubiéramos cumplido íntegramente la ley de Dios y así convertirnos en coherederos con el Hijo único de Dios.

Con Cristo, el mensajero, nuestra realidad se transforma. Sufrió lo indecible para que disfrutáramos lo inimaginable. Cristo descendió hasta lo más profundo —que podría ser descrito como el infierno— para que pudiéramos ascender a la gloria. Cristo cambió nuestro pecado por Su santidad; intercambió Su juicio por nuestra libertad; tomó nuestra vergüenza y nos dio Su honra. En la cruz, el más hermoso de los hijos de los hombres fue convertido en lo más repudiable entre nosotros. Cristo, el único que ha recibido la aprobación del Padre, en la cruz fue tratado como desechado para que nosotros, los desechados y reprobados, pudiéramos ser recibidos por Dios.

"¿Dónde está el Dios de la justicia?", se cuestionaba el pueblo en tiempos de Malaquías. La respuesta yace en la cruz del Calvario, donde la misericordia y la justicia de Dios se encontraron. Gracias sean dadas a Dios por Cristo, Su mensajero, quien vino y volverá para juzgar a vivos y a muertos. Él es el final de las malas nuevas. En Él esperamos y solo a Él serviremos.

7

LA OFRENDA QUE PROBÓ EL CORAZÓN

"Desde los días de vuestros padres os habéis apartado de mis leyes, y no las guardasteis. Volveos a mí, y yo me volveré a vosotros, ha dicho Jehová de los ejércitos. Mas dijisteis: ¿En qué hemos de volvernos". **Mal 3:7,** RVR1960

Dedicaremos este capítulo a revisar una parte de nuestra adoración que frecuentemente es vista más bien como una obligación en vez de verse como parte de nuestra adoración. El capítulo 3 del libro de Malaquías contiene una denuncia de Dios en contra de Su pueblo por haber corrompido otro aspecto de Su adoración, esta vez relacionado con sus prácticas de ofrendar para Dios de una manera muy por debajo del honor que el Dios del cielo y tierra merece.

Como hemos visto, la narración de Malaquías muestra que el pueblo de Dios había llegado a tal grado de deterioro que supo contradecir a Dios en múltiples ocasiones. A pesar de esto, Dios permanecía fiel a Su pacto con los patriarcas, mostrando gran paciencia y misericordia hacia un pueblo rebelde. El carácter inmutable del Señor era la razón por la que Israel no había sido consumido (Mal 3:6), pero el pueblo tenía que arrepentirse de sus pecados antes de poder disfrutar nuevamente de la bondad de Dios. Por eso, en Malaquías 3:7, Dios les dice: "Volveos a mí, y yo me volveré" (RVR1960). A lo que ellos respondieron: "¿Cómo hemos de volver?". Esta pregunta del pueblo es un tanto sarcástica, al igual que las demás, porque da a entender que ellos no tenían idea de a qué se refería Dios cuando habló de volver a Él, dado que, en realidad, nunca creyeron haberse alejado de Su presencia.

A modo de recordatorio de lo que habíamos revisado anteriormente, veamos algunas de las acusaciones que Dios trajo a Su pueblo:

- En Malaquías 1, Dios acusa al pueblo de deshonrarlo al ofrecerle animales, ciegos y cojos.
- En Malaquías 2, Dios revela la razón por la que no escuchaba sus oraciones: porque habían sido desleales a la mujer de su juventud.

En respuesta a los señalamientos de Dios, el pueblo contradice y cuestiona a Dios como si Él estuviera fabricando un caso falso contra ellos. Por eso, en Malaquías 3:13, Dios reprocha el proceder de toda la nación diciéndoles: "Las palabras de ustedes han sido duras contra Mí"; y ellos, una vez más, volvieron a cuestionar lo que Dios había declarado. "¿Qué hemos hablado contra Ti?"—preguntó el pueblo. Y Dios, en Malaquías 3:14, les recuerda lo que ellos habían dicho: "¿Qué provecho hay en que guardemos Sus ordenanzas y en que andemos de duelo delante del Señor de los ejércitos?". Es como si el pueblo dijera: *Realmente da lo mismo que caminemos en obediencia o desobediencia porque, al final, nuestra conducta no hace ninguna diferencia.* Todo lo anterior fue dicho a pesar de la fidelidad que Dios le había mostrado a Su pueblo; y aun así, se quejaban de que estaban sirviendo a Dios en vano.

Leemos todo esto y nos queda la impresión de que esas fueron las características de la generación que vivió en tiempos de Malaquías. Sin embargo, esa es la manera como muchos han cuestionado a Dios a lo largo de los siglos, aunque quizás hayan usado otro lenguaje. La realidad es que, si Dios no hubiera intervenido en la historia del hombre, el cien por ciento de la descendencia de Adán y Eva, habría terminado en la condenación eterna.

Todo lo que hemos visto a lo largo de estos capítulos, y la historia misma del pueblo de Dios a través de los siglos, no ha sido más que una colección de malas acciones por parte del pueblo, que ha tenido que escuchar "malas noticias" al ser disciplinados. Es gracias a la misericordia de Dios que el mismo juez de la justicia ha provisto un sacrificio propicio para todos nuestros pecados, y ese mismo juez vino personalmente a oficiar dicho sacrificio en una cruz. Al mismo tiempo, vino no solo para que pudiéramos ser perdonados, sino también para triunfar sobre el pecado y la muerte. Al final de Sus días, ese intermediario entre Dios Padre y nosotros logró Su victoria de tal manera que ahora Su triunfo puede ser contado como nuestro. El transgredido —Dios— triunfa de tal forma que los transgresores —nosotros— podemos disfrutar de Su victoria al punto de que ni el pecado ni la muerte son capaces de vencernos cuando estamos en Cristo, el Amado, como lo llama Pablo (Ef 1:6).

"Volveos a Mí"

Al igual que en las secciones anteriores, comenzaremos nuestra exposición exactamente donde la dejamos en el capítulo anterior. Si recuerda bien, cubrimos hasta Malaquías 3:7a. Esta vez, vamos a iniciar citando Malaquías 3:6-7 para hacer la conexión entre este capítulo y el anterior.

> "Porque yo Jehová no cambio; por esto, hijos de Jacob, no habéis sido consumidos. Desde los días de vuestros padres os habéis apartado de mis leyes, y no las guardasteis. Volveos a mí, y yo me volveré a vosotros, ha dicho Jehová de los ejércitos. Mas dijisteis: '¿En qué hemos de volvernos?'". (Mal 3:6-7, RVR1960)

En Malaquías 3:6, el Señor recuerda al pueblo que habían transgredido Sus ordenanzas de una forma tan insolente que podría haberlos consumido con el furor de Su ira. No obstante, no lo hizo por una sola razón: Su carácter inmutable. Aunque el pueblo se había alejado de la ley, de Sus estatutos y ordenanzas, Dios había permanecido inmutable. En el pasado, ya había revelado ser lento para la ira y abundante en misericordia (Éx 34:6; Sal 86:15). Su paciencia demostraba que seguía siendo así. A pesar de tener múltiples razones para actuar contra el pueblo, la misericordia de Dios prevaleció sobre Su justicia. La manera como esto pudo ocurrir sin que Él dejara de ser justo fue ajusticiando a Su propio Hijo en nuestro lugar.

El Señor había hecho una promesa a los patriarcas: Abraham, Isaac y Jacob. Dado a Su carácter inmutable, permaneció fiel a lo que había prometido, a pesar de la enorme infidelidad generacional del pueblo hebreo. Cuando hablamos de "infidelidad generacional" nos referimos a lo que Dios dice a través de Malaquías: "Desde los días de sus padres se han apartado de Mis estatutos y no los han guardado" (Mal 3:7). En otras palabras, la lejanía del pueblo judío que reinó en tiempos de Malaquías no era algo nuevo, sino la continuación de una desobediencia que venía desde los días de Moisés. Desde aquel tiempo, e incluso antes, Dios había permanecido fiel a lo que había prometido. De ahí que Él declara: "Porque Yo, el SEÑOR, no cambio; por eso ustedes, oh hijos de Jacob, no han sido consumidos"(Mal 3:6a).

Dios extendió una invitación al pueblo cuando dijo: "Volveos a mí, y yo me volveré a vosotros" (RVR1960). Esta misma frase aparece en Zacarías 1:3. Zacarías es otro de los profetas posexílicos que estuvo ministrando unos cincuenta años antes de Malaquías. Tanto en Zacarías como en Malaquías, dicha frase nos enseña que Dios continuamente "nos invita a arrepentirnos no porque desee avergonzarnos, sino porque desea renovarnos".[28] El Señor tiene diferentes formas de llamarnos al arrepentimiento, pero el pasaje de Malaquías claramente nos muestra aquello que ha ocurrido y por lo cual se requiere arrepentimiento. No es simplemente que el pueblo transgredió la ley de Dios, sino que, al transgredir Su ley de manera recurrente, fue alejándose cada vez más de Su presencia. Esa es la razón por la que Dios les dice: "Volveos a mí" (Mal 3:7, RVR1960).

Ante esa invitación, el pueblo debió responder con arrepentimiento, pero una vez más, respondió con cuestionamiento: "¿En qué hemos de volvernos?" (Mal 3:7b). Con esta pregunta, el pueblo revela que no tenía la menor idea de cómo se había estado alejando de su Dios. En los pasajes anteriores, Dios les había revelado sus transgresiones, pero ahora tiene una transgresión más que señalar, la cual está registrada en

---

[28] Iain M. Duguid y Matthew W. Harmon, *Reformed Expository Commentary: Zephaniah, Haggai, Malachi* (Phillipsburg: P & R Publishing, 2018), versión electrónica, p. 172.

Malaquías 3:8-9. En ese pasaje bíblico, vemos lo siguiente: Dios trae una acusación contra el pueblo —"¿Robará el hombre a Dios? Pues ustedes me están robando" (3:8a)—; el pueblo cuestiona a Dios: —"¿En qué te hemos robado?"(3:8b)—; Dios responde a la acusación del pueblo —"En los diezmos y en las ofrendas" (3:8c)—; y, por último, Dios anuncia las consecuencias de la transgresión del pueblo —"Con maldición están malditos, porque ustedes, la nación entera, me están robando" (3:9). De manera que, este era un pecado generalizado. Desde el mayor hasta el menor; desde los líderes hasta los seguidores; todo Israel estaba robándole a Dios. Recuerde que en Malaquías 1 y 2, los cargos que Dios levanta fueron primordialmente contra el liderazgo, contra los sacerdotes, pero ahora Dios acusa a toda la nación de haberle robado Sus diezmos y ofrendas.

El diezmo: aclaraciones y enseñanzas

Anunciada la maldición o la consecuencia que había traído su desobediencia, Dios llama al pueblo a responder en obediencia, llevando todos los diezmos al alfolí, que era el lugar del templo destinado para ello. Pero Dios hace esto de una manera insólita, retándolos a que lo pongan a prueba; a que pongan a prueba Su fidelidad para que comprueben, por ellos mismos, si Él no responde extraordinariamente a su obediencia. Veamos esto a continuación:

> "'Traigan todo el diezmo al alfolí, para que haya alimento en Mi casa; y pónganme ahora a prueba en esto', dice el Señor de los ejércitos, 'si no les abro las ventanas de los cielos, y derramo para ustedes bendición hasta que sobreabunde'". (Mal 3:10)

Para comunicar el desafío lanzado por Dios, la Nueva Traducción Viviente usa dos expresiones en la última parte de este pasaje: "¡Inténtenlo! ¡Pónganme a prueba!". Normalmente, el profesor es quien pone a prueba a los estudiantes cuando les hace tomar un examen. Pero aquí, Dios parece dispuesto a colocarse en una posición "subordinada" y dejar que el estudiante examine al profesor.

En el pacto hecho con Israel, Dios había establecido que la tierra respondería con abundancia o con escasez según la fidelidad del pueblo. Si el pueblo era fiel a Dios, Él respondería bendiciendo la tierra. Pero si el pueblo actuaba infielmente, Dios maldeciría la tierra. De ahí que, Dios les promete abundancia, bienestar y prominencia entre las demás naciones a cambio de su obediencia.

> "'Por ustedes reprenderé al devorador, para que no les destruya los frutos del suelo, ni su vid en el campo sea estéril', dice el Señor de los ejércitos. "Y todas las naciones los llamarán a ustedes bienaventurados, porque serán una tierra de delicias", dice el Señor de los ejércitos'". (Mal 3:11-12)

Nosotros no estamos bajo ese mismo pacto, pero detrás de ese primer pacto hay verdades eternas. Y esta es una de esas verdades: la obediencia trae bendiciones que pueden ser materiales o espirituales, según lo determine Dios. Lo contrario también es cierto: la desobediencia trae consecuencias naturales. Ahora bien, cuando la obediencia trae bendición, esa bendición no es algo que Dios nos debe, sino algo en lo que Dios se deleita porque Su naturaleza es la de un dador alegre. Hoy día, la manera en que permanecemos fuera de la cárcel es obedeciendo la ley de la nación. Algo similar, aunque no igual, ocurre con la ley de Dios. La única manera en que Israel podía evitar la maldición de la tierra por parte de Dios era obedeciendo la ley del Señor.

Lamentablemente, el pasaje de Malaquías 3:10-12 ha sido usado, mal usado y abusado por muchos. Por un lado, ha sido abusado por los predicadores del evangelio de la prosperidad que tratan de convencer a su audiencia de que una vez damos a Dios nuestra ofrenda, Él está obligado a devolver en bendiciones materiales lo que hemos dado, y que incluso lo devolverá multiplicado. Pero eso no es lo que este pasaje está enseñando. Otros han usado esta porción de la Escritura para explicar la razón por la que entienden que el principio del diezmo continúa en el Nuevo Testamento. Sin embargo, si queremos hablar sobre el diezmo a la iglesia de hoy, ese no es el pasaje para anclar esa enseñanza. Decimos esto porque el pasaje de Malaquías 3, que hace referencia al diezmo, es parte del antiguo pacto, donde Dios prometió a la nación de Israel devolver en abundancia material, específicamente en la tierra prometida, lo que ofrendaran a Dios.

En ese sentido, revisemos brevemente el concepto del diezmo en el Antiguo Testamento para ver qué principio podemos rescatar a la luz del Nuevo Testamento. Para empezar, recuerde que Dios no necesita nuestro dinero. De hecho, si nuestro corazón no está bien delante de Dios, Él ni siquiera está interesado en nuestras ofrendas y nuestros sacrificios. Con relación a este tema, recientemente leímos una frase del pastor John Piper que en resumen dice algo como esto: "Dios ordenó los sacrificios del Antiguo Testamento, pero las ofrendas dejan de ser obediencia cuando estas sirven para cubrir nuestra rebelión".[29] En otras palabras, a veces ofrendamos a Dios estando en desobediencia, pero nos sentimos bien delante de Él porque hemos ofrendado. Sin embargo, Dios no está interesado en nuestro dinero, sino en nuestro corazón. Así que, cuando ofrendamos con un corazón que no está caminando en sujeción a la ley de Dios —dice Piper que—, nuestra ofrenda deja de ser un sacrificio de obediencia agradable al Señor. De hecho, el diezmo del Antiguo Testamento prueba esto que acabamos de decir.

En el pasado existía un diezmo que servía para sustentar a los levitas (Nm 18). Ese era su único ingreso económico. Los levitas habían sido llamados a nutrir al pueblo de Dios con la Palabra y a servir en el templo ofreciendo sacrificios a Dios para el perdón de los pecados de la nación. Si los levitas no eran sustentados con el diezmo, al final terminarían sufriendo y, con ellos, terminaría sufriendo toda la nación porque no contarían con su servicio ni con el favor de Dios. De manera que, Dios no se beneficiaba en absoluto de ese diezmo, sino el pueblo mismo. Además, en aquel entonces existía un diezmo que era ofrecido para la manutención del templo y para comprar alimentos con el fin de abastecer las distintas fiestas ordenadas por Dios; fiestas cuyo objetivo era que el pueblo se regocijara y diera gracias a Dios por Sus bendiciones (Dt 14:22-29). A ese diezmo es que Dios se refiere en Malaquías 3

---

[29] John Piper, *The Pleasure of Obedience* (Desiring God, https://www.desiringgod.org/messages/the-pleasure-of-god-in-obedience, 29 de marzo de 1987).

cuando dice: "Traigan todo el diezmo al alfolí, para que haya alimento en Mi casa" (Mal 3:10). Ese diezmo también se empleaba exclusivamente para el beneficio del pueblo porque de lo contrario no tendrían templo ni celebraciones. Una vez más, Dios no se benefició del diezmo, solo el pueblo.

Finalmente, había un tercer diezmo que se ofrecía cada tres años con el propósito de ayudar a los necesitados, y aquí, de nuevo, los beneficiados por el diezmo eran las personas (Dt 26:12-13). Por tanto, podemos concluir que Dios ordenó el diezmo no para satisfacer una necesidad propia, sino como una prueba de la lealtad de Su pueblo. El diezmo reflejaba cuánto el pueblo estaba dispuesto a confiar en Dios para dar con generosidad, descansando en que Dios proveería para ellos. Su infidelidad al diezmar ponía de manifiesto su incredulidad en la fidelidad de Dios. Por tanto, queremos enfatizar nuevamente que Dios no necesita nuestro dinero ni quiere ofrendas provenientes de un corazón rebelde. Así lo demuestra la historia de Caín y Abel registrada en Génesis 4. Como muchos conocen, la ofrenda de Caín fue rechazada porque su corazón y su ofrenda no estaban en el mismo lugar.

Del mismo modo, el libro de Malaquías revela claramente que el problema del pueblo no era su infidelidad financiera, sino su pobreza espiritual. El pueblo se sentía inseguro de ofrendar temiendo que después les faltara provisión, como sucede con muchos hoy en día. Dios los invita a poner a prueba Su fidelidad conociendo que el pueblo no confiaba plenamente en Él. Israel juzgaba a Dios según la condición de su corazón. Lamentablemente, esa es una realidad humana: solemos juzgar a Dios y a los demás según la condición de nuestro corazón. A sentirse que eran infieles, concluyeron que Dios probablemente sería infiel a la hora de bendecirlos. Así que, Dios les da la oportunidad de ponerlo a prueba.

El diezmar a la luz del Nuevo Testamento

Ahora bien, el Nuevo Testamento no habla de dar un diezmo, sino que habla de un principio de generosidad aún más amplio, y lo hace de varias maneras:

- *Nos llama a dar proporcionalmente* (1 Co 16:2; 2 Co 9:7). Bajo un pacto mucho mejor que el anterior, el diez por ciento, más que ser un límite, debe ser el inicio.
- *Nos invita de dar voluntariamente y no por obligación* (2 Co 9:7). Si vamos a dar solo por obligación, Dios prefiere que no lo hagamos, porque demuestra que nuestro corazón y nuestra ofrenda no están alineados.
- *Nos llama a dar generosamente.* Dios ama al dador alegre (2 Co 9:7). El punto no es simplemente que quien ama a Dios se alegra en dar, sino que, al dar más, su alegría aumenta.
- *Nos revela que la falta de recursos no es excusa para no dar.* El apóstol Pablo da testimonio de esto cuando relata que las iglesias de Macedonia, estando en medio de una profunda pobreza, dieron de su propia voluntad y más allá de sus capacidades (2 Co 8:1-3).

Si son honestos, muchos hijos de Dios admitirían que consideran que dar un diez por ciento es demasiado. Pero, supongamos que en efecto estamos comprometidos bíblicamente con dar un diez por ciento de todos nuestros ingresos. Compararemos ese diezmo con lo que Dios ofrendó a favor nuestro. Dios invitó al pueblo a traer el diezmo al alfolí, es decir, al templo. Pero Dios Padre no ofreció un diez por ciento de los cielos a Su pueblo; sino que entregó a Su único Hijo, no en un templo, sino en una cruz, un símbolo de maldición y vergüenza. Cristo ofrendó Su vida para pagar la deuda moral que teníamos con Dios y que éramos incapaces de pagar debido a nuestra bancarrota moral y espiritual. Nuestro principal problema no es el diezmo material que nos negamos pagarle a Dios, sino la deuda moral e infinita que no podemos cubrir. Fue Dios Padre quien ofreció este sacrificio, y fue Dios Hijo, Jesucristo, quien lo llevó a cabo: Su vida para redimirnos de nuestra muerte espiritual causada por nuestros pecados y transgresiones. Esa fue la ofrenda que puso fin a todas nuestras malas nuevas.

Por eso, en el Nuevo Testamento, Dios nos llama a ofrendar nuestra vida entera y todo lo que poseemos, invitándonos a presentar nuestros cuerpos como sacrificio vivo, santo y agradable a Él (Ro 12:1-2), tal como lo hizo Su Hijo. Si creemos que dar un diez por ciento de nuestros recursos es mucho, pensemos que Dios no solamente nos ha dado lo mejor de sí, Su propio Hijo, sino que al mismo tiempo ha prometido hacernos coherederos con Él. De manera que, lo que Cristo reciba, nosotros lo recibiremos. Eso define a un dador infinitamente generoso, y es lo que Dios espera de nosotros: una entrega total. Por lo tanto, en el Nuevo Testamento, el problema no es tanto que el pueblo de Dios ha fallado en darle un diez por ciento de sus ingresos, sino que no ha ofrendado a Dios toda su vida y todo lo que tiene, ya que todo le pertenece a Él.

El diezmar no es una promesa de prosperidad material

Debemos tener muy claro que Dios no está diciendo: "Si me dan, les voy a dar mucho más de lo que me den". En el contexto del Nuevo Testamento, no solo estamos bajo un pacto distinto, sino que ya Dios nos ha dado todo lo que Él es en la persona de Su Hijo y, con Él, todo Su reino. A pesar de ello, a muchos les resulta difícil dar una pequeña parte de sus ingresos. Ante tal actitud, Dios podría decirnos: "No me están dando proporcionalmente, porque les he dado a mi Hijo junto a todo Su reino, pero ni siquiera pueden devolverme una pequeña parte de sus ingresos para ayudar a mi iglesia, pues saben que no lo necesito. Y, para empeorar las cosas, ni siquiera me entregan sus vidas por completo, que es lo único que verdaderamente les estoy requiriendo". Ciertamente, nada tenemos que no hayamos recibido de parte de Dios. Por lo tanto, la mejor manera de corresponder a Dios es consagrándole nuestra vida y todo lo que hemos recibido de Él en completa adoración a Aquel que todo lo entregó por nosotros.

La fidelidad de unos ante la infidelidad de otros

Tras el reproche que Dios hizo contra el pueblo con respecto al diezmo, el libro de Malaquías registra cómo Dios los reprende por la forma desafiante que se habían expresado contra Él. Veamos esto en la siguiente porción de Malaquías 3:

"'Las palabras de ustedes han sido duras contra Mí', dice el SEÑOR. Pero dicen: '¿Qué hemos hablado contra Ti?'. Ustedes han dicho: 'En vano es servir a Dios. ¿Qué provecho hay en que guardemos Sus ordenanzas y en que andemos de duelo delante del SEÑOR de los ejércitos? Por eso ahora llamamos bienaventurados a los soberbios. No solo prosperan los que hacen el mal, sino que también ponen a prueba a Dios y escapan sin ser castigados'". (Mal 3:13-15)

Veamos esta misma porción de la versión Nueva Traducción Viviente:

"'Ustedes han dicho cosas terribles acerca de mí', dice el SEÑOR. 'Sin embargo, ustedes preguntan: "¿Qué quieres decir? ¿Qué hemos dicho contra ti?". Ustedes han dicho: "¿De qué vale servir a Dios? ¿Qué hemos ganado con obedecer sus mandamientos o demostrarle al SEÑOR de los Ejércitos Celestiales que nos sentimos apenados por nuestros pecados? De ahora en adelante llamaremos bendito al arrogante. Pues los que hacen maldad se enriquecen y los que desafían a Dios a que los castigue no sufren ningún daño"'".

Este pasaje muestra que, hasta el final del libro de Malaquías, el pueblo siguió porfiando y blasfemando contra Dios. No hay duda de que porfiar es el término correcto para describir el proceder del pueblo. Observe una de las definiciones de la palabra "porfiar": "Discutir obstinadamente y con tenacidad".[30] Alegaron que de nada valía servir a Dios, porque Él siempre permitía que los malos se salgan con la suya. Por lo general, aun personas seculares o paganas no se atreven a hablar de esa manera contra Dios; sin embargo, el pueblo de Dios de esa época sí lo hizo. No obstante, dentro de ese pueblo rebelde, había otro grupo más pequeño que no compartía tal actitud y que Dios reconoció. Mientras que el pueblo en general mostraba rebeldía, en Malaquías 3 se distingue claramente a este otro grupo.

---

[30] Diccionario de la Real Academia Española.

"Entonces los que temían al Señor se hablaron unos a otros, y el Señor prestó atención y escuchó, y fue escrito delante de Él un libro memorial para los que temen al Señor y para los que estiman Su nombre. 'Y ellos serán Míos', dice el Señor de los ejércitos, 'el día en que Yo prepare *Mi* tesoro especial, y los perdonaré como un hombre perdona al hijo que le sirve'". (Mal 3:16-17)

Vemos, a pesar de la mayoría rebelde, había una minoría obediente que temía al Señor. Este pequeño grupo de fieles discutió las respuestas desafiantes del pueblo a su Dios. El Señor escuchó su conversación (Mal. 3:16). El pasaje citado añade que se abrió un libro memorial delante del Señor, y allí se escribieron, simbólicamente hablando, los nombres de todos aquellos que temían a Dios y que procuraban honrar Su nombre. Ese libro memorial es similar al libro de la vida mencionado en Salmos 69:28, en Filipenses 4:3 y en Apocalipsis 3:5; 13:8; 17:8; 20:12; 20:15; 21:27 y 22:19. En Apocalipsis 21:27, Juan se refiere a este libro como "el libro de la vida del Cordero". Efectivamente, ese es el nombre adecuado, ya que fue gracias a la sangre del Cordero que se inscribieron esos nombres en el libro. La "tinta" utilizada para registrar nuestros nombres fue la sangre del Unigénito, y la "pluma fuente" para escribir fue la persona del Señor Jesucristo.

Jesús: la ofrenda que nos permite regresar

Aunque los hijos de Dios han desobedecido la ley de Dios a lo largo de todas las generaciones, Jesús la obedeció a cabalidad hasta cumplirla en nuestro lugar. Mientras aún discutimos acerca de si debemos diezmar o no, el Padre ofrendó a Su Hijo unigénito sobre un madero para incluirnos en un nuevo pacto. Gracias a este, pasamos de la muerte a la vida, disfrutando no solo el diez por ciento del reino de Cristo, sino del cien por ciento de Su reino y de Sus bendiciones. En el pueblo de Dios, hay quienes se rebelan y no honran la santidad de Su nombre, demostrando que en realidad no forman parte del rebaño; pero hay otro grupo, elegido por Dios, que teme al Señor, ha sido comprado a precio de sangre y que es llamado el pueblo de Dios. Mientras algunos son rechazados, otros son elegidos en el Amado (Ef 1:6). Por lo tanto, si como hijo de Dios usted observa la maldad triunfar alrededor suyo y escucha a personas que dicen ser cristianas deshonrar abiertamente el nombre de Dios, no se desaliente. Dios presta atención a los que le temen y honran Su nombre.

Todos hemos violado el pacto de Dios, pero hubo Uno que lo cumplió por nosotros. En la antigüedad abundaban los pactos internacionales, generalmente celebrados entre dos naciones, una mayor y una menor, donde la menor se comprometía a ayudar a la mayor. Si la nación menor faltaba a su compromiso, la otra usualmente adoptaba medidas de represalia como una forma de castigo. Si la nación menor no respondía adecuadamente después de las represalias, era común que la nación más poderosa los invadiera y se los llevara cautivos. Sin embargo, lo que no era usual era la existencia de cláusulas que restaurasen las relaciones entre las naciones una vez que el pacto era violado.

Israel había violado su pacto con Dios. Como resultado, Dios permitió que una nación más poderosa los llevara cautivos a Babilonia. Sin embargo, Dios ofreció a la nación hebrea lo que ningún otro pacto en la antigüedad ofrecía: una restauración total de la relación a cambio de un simple arrepentimiento genuino. Con este contexto, las palabras de Dios en Malaquías 3:17 adquieren un significado profundo: "Y ellos serán Míos". O como expresa la Nueva Traducción Viviente: "Ellos serán mi pueblo [...] serán mi tesoro especial". Este mismo versículo agrega: "y los perdonaré como un hombre perdona al hijo que le sirve" (NBLA). Una vez más, vemos el carácter misericordioso de Dios obrando a favor de aquellos que le aman y le honran. A pesar de la infidelidad de Israel, Él mostraría compasión "como un padre le muestra compasión a un hijo obediente" (Mal 3:17b, NTV).

Reflexión final

Finalmente, el pasaje de Malaquías 3 culmina diciendo:

> "Entonces volverán a distinguir entre el justo y el impío, entre el que sirve a Dios y el que no le sirve". (Mal 3:18)

Refiriéndonos a la nación de Israel, con la que Malaquías estaba lidiando, es interesante ver que en Deuteronomio 30, Dios habla de cómo Israel, entre todas las naciones, sería enviada al exilio por haber violado Su pacto. Sin embargo, en Deuteronomio 30:6, Dios alude indirectamente a la obra de Cristo que cambiaría nuestro corazón y nuestra forma de amar y obedecer a Dios, permitiéndonos amarle y obedecerle como verdaderamente merece. Veamos a continuación este fascinante versículo:

"Además, el SEÑOR tu Dios circuncidará tu corazón y el corazón de tus descendientes, para que ames al SEÑOR tu Dios con todo tu corazón y con toda tu alma, a fin de que vivas". (Dt 30:6)

Esto solo es posible a través del sacrificio que el Padre hizo en la cruz cuando nos dio a Su Hijo. Cristo es la ofrenda que pone fin a todas nuestras angustias, sufrimientos, insatisfacciones, tristezas, pérdidas, lágrimas, decepciones, derrotas, heridas, caídas y todo lo demás que no estaba supuesto a ser parte de la creación, que fue calificada como "muy buena" en Génesis 1:31.

Amado hermano:

"La espera terminará
Sé que has vencido ya
Nunca me has fallado, Dios
En ti confiaré
Tu promesa sigue en pie
Tú eres fiel
Confiado andaré
En tus manos estaré
Siempre has sido fiel
La noche acabará
Tu palabra se cumplirá
Mi corazón te alabará".[31]

---

[31] Una porción de la canción *Lo harás otra vez (Do It Again)* por Chris Brown, Hector Sotelo, Mack Brock, Matt Redman, Steven Furtick (Capitol CMG Publishing, Essential Music Publishing LLC), CCLI #7093004.

Confíe en el Dios que movió montañas, que abrió el mar en el desierto, que ofrendó a Su Hijo obediente para perdonar al desobediente. Él siempre ha sido fiel, lo sigue siendo y lo será por la eternidad. No pierda la esperanza. ¡Él siempre ha sido fiel!

SEGUNDA PARTE

NO TODO SE HA PERDIDO

8

CRISTO, EL CAMINO DE REGRESO A DIOS

"Yo les envío al profeta Elías antes que venga el día del Señor, día grande y terrible. Él hará volver el corazón de los padres hacia los hijos, y el corazón de los hijos hacia los padres, no sea que Yo venga y hiera la tierra con maldición".
Mal 4:5-6

Con la publicación de este libro, nuestro deseo es motivar al pueblo de Dios a examinar sus vidas, a retornar de sus malos caminos y buscar fervientemente al Señor mientras pueda ser hallado. En este sentido, en esta sección queremos estudiar el último capítulo del libro de Malaquías y ver parte de su cumplimiento en el Nuevo Testamento e incluso más allá. Porque, sin lugar a duda, la última parte del libro de Malaquías mira con anticipación al retorno de Cristo, Su juicio venidero y las bendiciones que serán derramadas sobre los redimidos por Su sangre.

Como habrá notado, al revisar la historia del pueblo de Dios registrada en Malaquías, un libro que apenas tiene cuatro capítulos, dedicamos cinco capítulos de este libro, incluyendo el presente, para comunicar el mensaje de Malaquías. Sin embargo, al hacerlo de esta manera, nos preguntamos si ha podido percatarse de cuál es el tema central de este libro. Quizás necesite volver a leerlo de una sentada antes de poder responder, pero permítanos anticiparnos y revelarle cuál es el tema central del libro de Malaquías. Es una apelación, una súplica poderosa y apasionada para que el pueblo se arrepienta de su pecado y regrese a Dios. Es una súplica acompañada de una rica promesa, si la gente responde, y de una severa advertencia si se niegan a hacerlo, como ya otros han apuntado.

Como consecuencia de la naturaleza pecaminosa del hombre, existe una tendencia natural a la desobediencia que lleva al ser humano a desviarse del camino y que hace necesario que la sociedad en general, así como la iglesia de Cristo en particular, tenga que regresar a Dios. Y ese es precisamente el llamado que Dios hace a Su pueblo a través del profeta Malaquías: "Vuelvan a Mí y Yo volveré a ustedes" (Mal 3:7b). Además, el profeta cierra el Antiguo Testamento anticipando la primera venida de Cristo y apuntando a la segunda venida de nuestro Señor. Esa es la razón por la que hemos titulado este capítulo "Cristo, el camino de regreso a Dios".

Dios refuta la acusación del pueblo

La nación de Israel acusó a Dios unas seis veces a lo largo del libro de Malaquías, y su última acusación contra Él aparece registrada en el versículo 14 de Malaquías 3, que dice:

> "Ustedes han dicho: 'En vano es servir a Dios. ¿Qué provecho hay en que guardemos Sus ordenanzas y en que andemos de duelo delante del SEÑOR de los ejércitos?'". (Mal 3:14)

Esta última acusación fue mencionada en el capítulo anterior. El pueblo juzgó prematuramente el tiempo de Dios. Parte de nuestro problema como seres humanos caídos con mentes limitadas es que tendemos a arribar a conclusiones precipitadas a mitad de la historia. En la época de Malaquías, el liderazgo del pueblo y el pueblo mismo llegaron a la conclusión de que no valía la pena servir a Dios; que no había ningún provecho en guardar Sus mandamientos. Si hubiéramos juzgado la vida de Cristo por lo que sucedió el viernes por la tarde, en la noche de ese día habríamos concluido de la misma manera que lo hizo el pueblo en el tiempo de Malaquías: que Jesús sirvió a Su Padre en vano. Y, lamentablemente, así es como concluimos muchas veces en medio de nuestras propias historias porque no podemos ver los propósitos de Dios en medio del dolor que experimentamos.

Para colmo, en Malaquías 3:15b, el pueblo agregó:

"No solo prosperan los que hacen el mal, sino que también ponen a prueba a Dios y escapan sin ser castigados". (Mal 3:15b)

Hemos querido volver a citar estos dos versículos porque en el capítulo cuatro, Dios se propone refutar tal acusación y mostrar qué traerá el futuro para los impíos y para los piadosos. Veamos entonces el cuarto y último capítulo de Malaquías, un capítulo bastante corto que apenas cuenta con seis versículos. Así dice el Señor por medio de su profeta:

"'Porque viene el día, ardiente como un horno, y todos los soberbios y todos los que hacen el mal serán como paja; y el día que va a venir les prenderá fuego', dice el SEÑOR de los ejércitos, 'que no les dejará ni raíz ni rama. Pero para ustedes que temen Mi nombre, se levantará el sol de justicia con la salud en sus alas; y saldrán y saltarán como terneros del establo. Y ustedes pisotearán a los impíos, pues ellos serán ceniza bajo las plantas de sus pies el día en que Yo actúe', dice el SEÑOR de los ejércitos. 'Acuérdense de la ley de Mi siervo Moisés, de los estatutos y las ordenanzas que Yo le di en Horeb para todo Israel. Yo les envío al profeta Elías antes que venga el día del SEÑOR, día grande y terrible. Él hará volver el corazón de los padres hacia los hijos, y el corazón de los hijos hacia los padres, no sea que Yo venga y hiera la tierra con maldición'". (Mal 4:1-6)

En el capítulo anterior, el pueblo acusó a Dios de permitir que los rebeldes escaparan impunes (Mal 3:15b). Ante esta acusación, el profeta de Dios refuta eso afirmando que en el futuro Dios mismo se encargará de traer juicio riguroso sobre los incrédulos, y derramará enormes bendiciones sobre aquellos que han creído en Él y han honrado Su nombre. "Viene el día", dice Malaquías. Esta referencia al día futuro es mencionada cuatro veces en el libro (Mal 3:17; 4:1, 3, 5). Otros profetas del Antiguo Testamento llamaron a ese día "el día de la ira del Señor". Esta es la ira que el Dios Padre descargó sobre Su Hijo para que no recayese sobre nosotros; la misma que angustió a la segunda Persona de la Trinidad en la cruz, llevándole a exclamar: "DIOS MÍO, DIOS MÍO, ¿POR QUÉ ME HAS ABANDONADO?" (Mt 27:46). Por lo tanto, que Dios haya sido paciente y haya postergado Su juicio no implica que haya sido indiferente a la maldad humana. Más bien, ha mostrado Su misericordia con los hombres, no queriendo que nadie perezca, sino que todos vengan al arrepentimiento (2 P 3:9), y ha postergado Su juicio mientras se continúa predicando las buenas nuevas del evangelio, para que muchos que hoy están bajo condenación puedan ser salvos por medio de Cristo.

En su libro, Malaquías usa el simbolismo del fuego en dos ocasiones. Por un lado, en Malaquías 3:2-3, el profeta se refiere al fuego como un agente purificador que refina el oro y la plata eliminando sus impurezas. En este contexto, el simbolismo del fuego se asemeja al utilizado por el apóstol Pedro en su primera epístola. Pedro menciona que el fuego de la prueba que purifica nuestra fe, al igual que el fuego elimina las impurezas del oro (1 P 1:7). En la vida del creyente, las tribulaciones están destinadas a eliminar todo aquello que deshonra la cruz y que no se alinea con la voluntad de Dios.

Por otro lado, en Malaquías 4:1, el profeta se refiere al fuego como un agente destructor que será utilizado para juzgar a los soberbios. Estos serán quemados como paja hasta el punto de que, cuando dicho juicio llegue a ellos, no quedará ni raíz ni rama. Esta expresión evoca la imagen de un árbol que se quema de forma tan completa que no queda vestigio alguno. Por lo general, cuando un árbol es incinerado quedan ramas carbonizadas y la raíz, pero en este caso, la destrucción es absoluta. Este juicio de Dios sobre los rebeldes será total y devastador. Tras él, no quedará nada, tal y como lo describe Malaquías, al afirmar que los incrédulos quedarán hechos cenizas bajo las plantas de los pies de los hijos de Dios (Mal 4:4).

El grupo al que se juzgará es aquel que habló duras palabras contra Dios, según se indica en Malaquías 3:13, así como a aquellos que han actuado de forma similar. Estos individuos interpretaron el pacto que Dios hizo con ellos en términos meramente comerciales. Para ellos, traer ofrendas y sacrificios al templo implicaba que Dios debía devolverles algo a cambio de su inversión.[32] Así piensan muchos de aquellos que están involucrados en el movimiento del evangelio de la prosperidad. En tiempos de Malaquías, las personas decían creer, pero vivían como incrédulos.

Vea cómo se describe a este grupo en uno de los comentarios bíblicos consultados y cómo es comparado con la comunidad de hoy a fin de que podamos entender la trascendencia de las palabras de Malaquías. "Como en los días de Malaquías, el juicio final no solo trazará la línea divisoria entre las personas religiosas y las irreligiosas. Aquellos a quienes Malaquías condena en este pasaje y a lo largo de todo el libro no fueron gentiles irreligiosos. Esta gente eran miembros de la comunidad bajo pacto que vinieron a adorar en el templo de Dios en Jerusalén, que ofrecieron los sacrificios prescritos, que se vieron a sí mismos como piadosos y que en algunos casos eran sacerdotes y levitas. De la misma manera hoy, hay gente que asiste a la iglesia regularmente, que da generosamente cuando pasan el plato, que obedece muchas de las reglas y los estatutos de Dios. Son miembros comprometidos de la comunidad religiosa, quizá incluso ancianos y pastores, y sin embargo son extraños o extranjeros para Dios".[33]

Para los que no respetan ni honran a Dios, el día del juicio final no será bonito ni agradable, pues tendrán que rendir cuentas por todas sus acciones. El profeta Isaías describe ese día de la siguiente manera: "Miren, el día del Señor viene, cruel, con furia y ardiente ira, para convertir en desolación la tierra y exterminar de ella a sus pecadores" (Is 13:9). No es extraño entonces que Malaquías describa ese día como grande y terrible (Mal 4:5) porque sin duda lo será.

---

[32] Iain M. Duguid y Matthew P. Harmon, *Hard Words against God: Malachi 3:13—4:6, Zephaniah, Haggai, Malachi, Reformed Expository Commentary* (Phillipsburg: P&R Publishing, 2018), p. 175.

[33] *Ibid.*, p. 171.

Una promesa para los que temen a Dios

El profeta destaca un segundo grupo que será tratado de forma muy distinta en el día del juicio final. El autor resalta a este grupo, haciendo uso de la conjunción adversativa «pero». Veamos este pasaje:

> "Pero para ustedes que temen Mi nombre, se levantará el sol de justicia con la salud en sus alas; y saldrán y saltarán como terneros del establo". (Mal 4:2)

En este contexto, la frase "ustedes que temen Mi nombre" hace referencia a aquellos que han procurado honrar el nombre de Dios; que han creído en Su Palabra; que han confiado en Sus promesas; y que han procurado vivir de forma consistente con lo que afirman creer. En otras palabras, no basta con creer: es esencial obedecer, demostrando así que nuestra fe no es solo una teoría o un concepto teológico, sino que se traduce en un estilo de vida.

En Malaquías 3:17, Dios llama a este grupo fiel y obediente como "Mi tesoro especial". Para ellos, la Escritura les asegura que "se levantará el sol de justicia con la salud en sus alas" (Mal 4:2), una expresión que muchos han interpretado como una referencia a la venida del Mesías, mientras que otros la han interpretado como una bendición especial que Dios otorgará a quienes creyeron en Sus promesas y que aún esperan su cumplimiento.

Para los que han honrado Su nombre, Dios promete salud. La referencia al "sol de justicia que viene con salud en sus alas", se entiende como un promesa espiritual y física. De modo que, cuando el texto habla de que el sol de justicia viene con salud en sus alas, esta es una promesa de perdón de pecados y de sanidad física a raíz de la venida de Cristo.

Así, cuando el sol de justicia finalmente se levante "con salud en sus alas", observe cómo Malaquías describe metafóricamente el estado de aquellos que han honrado a Dios. Él dice: "... y saldrán y saltarán como terneros del establo" (Mal 4:2b). El simbolismo aquí evoca a terneros que, tras estar encerrados, son liberados y, como resultado, saltan gozando de su nueva libertad.

Amado hermano, cuando finalmente se encuentre ante el Señor, rodeado de Su gloria y siendo testigo de maravillas que ningún ojo ha visto, ningún oído ha escuchado, ninguna mente ha imaginado (1 Co 2:9) y, además, con todos sus pecados perdonados, sin inclinaciones remanentes al pecado y con toda una eternidad por delante, rodeado de millones de seres angelicales y hermanos redimidos, creemos que quedará sin palabras. Quizás no sepa si saltar, gritar, cantar, levantar los brazos, arrodillarse, postrarse o volver a saltar, al igual que un ternero que ha salido de su establo. ¡Qué día tan maravilloso será ese!

Ese día experimentaremos la reversión de la caída y de la maldición del pecado y la muerte, que habían esclavizado la humanidad.[34] Por tanto, si somos hijos de Dios, si verdaderamente amamos y honramos Su nombre, no importa cuán terrible sean nuestras circunstancias actuales, las amenazas y peligros que nos rodeen, los sufrimientos que tengamos que padecer en este mundo, todo eso palidecerá ante la gloria que nos ha de ser revelada en Cristo (Ro 8:18).

Un llamado a obedecer en anticipación al día del Señor

La principal función del profeta en el Antiguo Testamento era hablar al pueblo en nombre de Dios. Cumpliendo con esta función, Malaquías habló al pueblo hebreo que había violado la ley de Dios y que, por tanto, se encontraba en transgresión de la ley de Moisés. A ese pueblo, Dios le dice a través de Su profeta:

> "Acuérdense de la ley de Mi siervo Moisés, de los estatutos y las ordenanzas que Yo le di en Horeb para todo Israel". (Mal 4:4)

En el contexto hebreo, el llamado a recordar la ley de Moisés equivaldría a un llamado a obedecer dicha ley. Una ley que fue descrita por Pablo como santa, justa y buena (Ro 7:12-14). En otras palabras, no había absolutamente nada malo con la ley. El problema estaba en la debilidad de la carne para cumplirla. De hecho, Santiago llama a esa ley, la

---

[34] *The Expositor's Bible Commentary*, Daniel-Malachi, vol. 8 (Grand Rapids: Zondervan), p. 861.

ley de la libertad (1:25) porque esa es la ley que, si al intentar seguirla, evita que seamos esclavos de las pasiones y deseos de nuestra carne. Esa es la ley que describe el carácter de Dios y de la cual el salmista dijo: "¡Cuánto amo tu ley!" (Sal 119:97a). En esa ley, Pablo se deleitaba en su hombre interior, aunque veía otra ley en los miembros de su cuerpo que lo hacía sentir como prisionero (Ro 7:23).

Tras exhortar al pueblo a recordar los estatutos y ordenanzas de la ley, Malaquías revela indirectamente la solución al problema que tenemos con la ley. Esta idea solo se comprendería plenamente a la luz del Nuevo Testamento. Veamos, pues, las últimas palabras registradas en el libro de Malaquías:

> "Yo les envío al profeta Elías antes que venga el día del SEÑOR, día grande y terrible. Él hará volver el corazón de los padres hacia los hijos, y el corazón de los hijos hacia los padres, no sea que Yo venga y hiera la tierra con maldición". (Mal 4:5-6)

La alusión al "día del SEÑOR, día grande y terrible" parece indicar a una figura similar a Elías antes de la segunda venida del Señor. La reconciliación de padres e hijos anunciada por Malaquías prefigura el tiempo de restauración de todas las cosas. Esta reconciliación horizontal entre los hombres es necesaria o la reconciliación vertical con Dios no es auténtica. Pues, la reconciliación horizontal es la evidencia de que existe una reconciliación vertical con Dios. De modo que, una no puede existir sin la otra. Y esta reconciliación representa el arrepentimiento de los corazones. Así, no debe sorprendernos que cuando Juan el Bautista apareció en escena, las primeras palabras que el pueblo escuchó de él fueron: "Arrepiéntanse, porque el reino de los cielos se ha acercado" (Mt 3:2). Del mismo modo, el retorno de Cristo será precedido por un ministerio de reconciliación que llamará a los hombres al arrepentimiento.

Como mencionamos antes, Malaquías concluye el Antiguo Testamento y entonces transcurren unos 400 años de silencio. Cuatro siglos durante los cuales Dios no envió ningún profeta a Su pueblo ni dio ninguna nueva revelación. De manera que, lo último que el pueblo escuchó de parte de un profeta de Dios fue algo como esto: "Viene Elías y cuando Elías aparezca, vendrá el Señor". Esta es la razón por la cual cuando Juan el Bautista aparece en el Nuevo Testamento, los judíos enviaron sacerdotes y levitas de Jerusalén a preguntarle: "¿Quién eres tú?". Juan confesó: "Yo no soy el Cristo". "¿Entonces, qué?", le preguntaron, "¿Eres Elías?". A lo que respondió: «No lo soy». "¿Eres el Profeta?". "No", respondió Juan. Entonces le preguntaron: "¿Quién eres? [...] ¿Qué dices de ti mismo?" (Jn 1:19-22). Y él respondió: "Yo soy LA VOZ DEL QUE CLAMA EN EL DESIERTO: 'ENDERECEN EL CAMINO DEL SEÑOR', como dijo el profeta Isaías" (Jn 1:23).

Así, aunque Juan el Bautista mostró rasgos parecidos a la figura de Elías anunciada por Malaquías, pues confrontó el pecado del pueblo y de los líderes, llamándolos al arrepentimiento, él mismo afirmó no ser Elías. Sin embargo, al bajar del monte de la transfiguración, Jesús tuvo una conversación con Sus discípulos donde nuevamente sale a relucir esta figura de Elías. Veamos a continuación parte de la conversación que ellos tuvieron:

"Los discípulos entonces le preguntaron: '¿Por qué, pues, dicen los escribas que Elías debe venir primero?'. Respondió Jesús: 'Elías ciertamente viene, y restaurará todas las cosas; pero Yo les digo que Elías ya vino y no lo reconocieron, sino que le hicieron todo lo que quisieron. Así también el Hijo del Hombre va a padecer a manos de ellos'. Entonces los discípulos entendieron que Él les había hablado de Juan el Bautista". (Mt 17:10-13)

En este pasaje, Jesús afirma que Elías ciertamente viene y que restaurará todas las cosas, lo que hace referencia a un tiempo futuro. No obstante, inmediatamente después, Jesús dijo: "... pero Yo les digo que Elías ya vino y no lo reconocieron" (Mt 17:12a). "Entonces, los discípulos entendieron que Él les había hablado de Juan el Bautista" (Mt 17:13).

Juan el Bautista, considerado el último profeta del Antiguo Testamento, aunque aparece en el Nuevo Testamento, fue un tipo de Elías. De hecho, Lucas 1:17 dice que Juan el Bautista vino en el espíritu y poder de Elías. Esta declaración es básicamente una referencia a que el ministerio de Juan el Bautista fue similar al ministerio de Elías. Y ciertamente, sus ministerios fueron similares en que ambos llamaron al pueblo al arrepentimiento de una manera muy confrontativa. Elías tuvo que confrontar la adoración a Baal, un dios falso, y esto casi le costó la vida. Juan el Bautista tuvo que confrontar la religiosidad de los líderes del pueblo judío, así como el pecado de Herodes, quien estaba viviendo con la mujer de su hermano, tetrarca de Galilea (Mr 6:17). Esta confrontación le costó la cabeza, de una manera similar a como Elías tuvo que desafiar la falsedad del judaísmo de su época.

Como mencionamos anteriormente, el capítulo final del libro de Malaquías alude a las dos figuras principales del judaísmo: Moisés y Elías, representantes de la ley y los profetas, respectivamente. Primero, Malaquías llama al pueblo a recordar los mandamientos y los estatutos de Moisés, algo que implicaba más que la simple memorización de la ley. Más bien, era un llamado a obedecer la ley que habían violado y por la cual habían traído una maldición sobre ellos mismos. Luego, Malaquías anuncia la venida del profeta Elías, una figura que posiblemente pudiera tener un doble cumplimiento profético. Veamos nuevamente:

> "Los discípulos entonces le preguntaron: '¿Por qué, pues, dicen los escribas que Elías debe venir primero?'. Respondió Jesús: 'Elías ciertamente viene, y restaurará todas las cosas; pero Yo les digo que Elías ya vino y no lo reconocieron, sino que le hicieron todo lo que quisieron'". (Mt 17:10-12a)

Este pasaje alude a un Elías que ya vino, representado por Juan el Bautista, y a un Elías futuro que "restaurará todas las cosas". Por ello, entendemos que esta parte final del libro del profeta Malaquías apunta tanto al Mesías que ya vino como al Señor de los ejércitos que regresará para juzgar a los vivos y a los muertos. En Su primera venida, Juan el Bautista fue la persona introductora. En Su segunda venida, Elías o una figura semejante a él preparará el camino ante Él.

- Ese Mesías que ya vino es el final de las malas noticias; al contrario, Él es la buena nueva del evangelio.

- Él es el cumplimiento de la ley que el pueblo violó en el pasado y que todo ser humano continúa violando al presente.
- Él es el reemplazo de la figura del sacerdote, del profeta y del rey del Antiguo Testamento.
- Él es el Profeta del que habló Moisés en Deuteronomio 18:15-18.
- Él es el Sumo Sacerdote para siempre según el orden de Melquisedec (Sal 110:4; He 5:6-10 y 6:19-7:17), sin principio ni fin.
- Él es el Rey que se sienta permanentemente en el trono de David, sin necesidad de elecciones cada cuatro años.
- Cristo Jesús es el reemplazo de los sacrificios prescritos en la ley de Moisés. Los sacerdotes ofrecían sacrificios de animales ya muertos, pero Él se ofreció como un sacrificio vivo y mediante esa única ofrenda hizo perfectos para siempre a aquellos que son santificados (He 10:14).
- Jesús es el reemplazo del templo porque Él mismo es el templo de Dios. Por eso dijo: "Destruyan este templo, y en tres días lo levantaré" (Jn 2:19), refiriéndose a Su muerte y resurrección.
- En Él se cumplen todas y cada una de las profecías. De ahí que, en Su primera venida reprochó a la generación de Su época diciéndoles: "Ustedes examinan las Escrituras porque piensan tener en ellas la vida eterna. ¡Y son ellas las que dan testimonio de Mí!" (Jn 5:39).
- Jesús, el Mesías anunciado, ha llegado para convertirse en el jubileo de Su pueblo. Jesús es nuestro jubileo. Él ha perdonado todos nuestros pecados, cancelando así la mayor deuda que teníamos y que podía llevarnos a la muerte y la condenación eterna.

En el Antiguo Testamento leemos que el pueblo judío celebraba un año de jubileo cada cincuenta años (Lv 25:8-55). Cada séptimo año del calendario era considerado un año sabático durante el cual la tierra no sería cultivada (Lv 25:1-7). Durante ese tiempo, Dios les había prometido hacer que la tierra produjera lo suficiente tanto para el hebreo como para el extranjero. Después de siete ciclos de siete años, es decir, después de cuarenta y nueve años, el año siguiente (quincuagésimo), era considerado un año de jubileo. En ese período, todas las deudas serían canceladas. Si alguien había sido vendido a otro como esclavo para pagar una deuda anterior, esa persona debería ser puesta en libertad para regresar a su tierra. Y si alguien había vendido su tierra, el comprador estaba supuesto a devolvérsela en ese quincuagésimo año.

Todas estas disposiciones fueron establecidas por Dios con un solo propósito: apuntar a la obra del Mesías prometido. A Su llegada, Cristo nos encontró en esclavitud, pero nos compró a precio de sangre, liberándonos, al igual que debía suceder durante el año del jubileo en el Antiguo Testamento. Además, Él nos está reintegrando al lugar de donde Adán fue expulsado (a Su misma presencia). Al momento presente, Jesús está en el proceso de revertir todo lo caído a su condición original para que luzca como el Edén, es decir, como si nada se hubiese deteriorado.

Mientras tanto, Él nos ha dicho:

"Vengan a Mí, todos los que están cansados y cargados, y Yo los haré descansar. Tomen Mi yugo sobre ustedes y aprendan de Mí, que Yo soy manso y humilde de corazón, y HALLARÁN DESCANSO PARA SUS ALMAS. Porque Mi yugo es fácil y Mi carga ligera". (Mt 11:28-30)

¿No estás cansado de esta vida de pérdida y de dolor? ¿No estás cansado del pecado que te asedia a cada paso? ¿No estás cansado de ocultar sus faltas y deficiencias? Jesús es nuestro descanso. Él es la primavera después del invierno. El sol después de la noche. El comienzo después que nuestra vida ha terminado.

Cristo Jesús, conociendo todo aquello que nos agobia, nos invita a llevar Su yugo, que es sencillo: amar a Dios y amar al prójimo (Mt 22:36-41). Asimismo, nos invita a ser mansos y humildes de corazón (Mt 11:29) porque solo en la mansedumbre y en la humildad dejaremos de afanarnos por ser los primeros, los mejores, los más populares. Y solo entonces, dejaremos de luchar para ganar en esta vida. Entonces, cuando estas dos virtudes nos caractericen, seremos pacificadores, pues estando en paz con Dios, procuraremos estar en paz con el prójimo, y seremos bienaventurados porque los que buscan la paz serán llamados hijos de Dios (Mt 5:9).

En ese día futuro, el regreso de Cristo será como una moneda de dos caras: una cara de juicio para los que rechazaron al Señor y una cara de bendición para aquellos que se humillaron y arrepintieron delante de Él. Veamos ambas caras de esta moneda en varios pasajes de la Escritura, porque si ves primero la cara oscura, y estás en Cristo, podrá regocijarte aún más al saber exactamente de lo que Dios te ha librado. Para esto, fíjate en la forma terrible en que el profeta Sofonías describe el día del Señor:

"Cercano está el gran día del SEÑOR, cercano y muy próximo. El clamor del día del SEÑOR es amargo; allí gritará el guerrero. Día de ira aquel día, día de congoja y de angustia, día de destrucción y desolación, día de tinieblas y densas sombras, día nublado y de densa oscuridad, día de trompeta y grito de guerra contra las ciudades fortificadas y contra los torreones de las esquinas. Traeré angustia sobre los hombres, y andarán como ciegos, porque han pecado contra el SEÑOR. Su sangre será derramada como polvo, y su carne como estiércol. Ni su plata ni su oro podrán librarlos en el día de la ira del SEÑOR, cuando por el fuego de Su celo toda la tierra sea consumida; porque Él hará una destrucción total y terrible de todos los habitantes de la tierra". (Sof 1:14-18)

El grupo desobediente y rebelde que habló duras palabras contra Dios en la época de Malaquías será de los que experimenten esta cara de la moneda en el día del Señor, al igual que todos los que estando bajo un nuevo pacto de gracia no han honrado el nombre de Dios ni han obedecido Sus mandamientos.

Amado hermano, si lees estas cosas y te percatas de que no estás en Cristo, en el precioso nombre de Jesús, te ruego que consideres seriamente las palabras del profeta Sofonías y te postres delante de Dios en arrepentimiento. No querrás llegar a ese día, "día de destrucción y desolación, día de tinieblas y densas sombras, día nublado y de densa oscuridad...". Para los redimidos del Señor, dicha ira ya cayó sobre los hombros de Cristo. Malaquías describió aquel día como grande y terrible precisamente por todo lo descrito por Sofonías. Ese día, el lado de la moneda que verán los impíos, será devastador y por tanto, en aquel tiempo nadie podrá mantenerse en pie cuando el Señor de los ejércitos aparezca.

Pero si estás en Cristo, Su sacrificio sustitutivo te ha librado de todo lo descrito por Sofonías porque aquel día tendrá una cara completamente distinta para los redimidos del Señor. Observa en los siguientes pasajes del libro de Apocalipsis cómo es descrito el regreso de Cristo y lo que esto representará para aquellos que han creído en Él como Señor y Salvador.

> "... Jesucristo, el testigo fiel, el primogénito de los muertos y el soberano de los reyes de la tierra. Al que nos ama y nos libertó de nuestros pecados con Su sangre, e hizo de nosotros un reino, sacerdotes para Dios, Su Padre, a Él sea la gloria y el dominio por los siglos de los siglos. Amén. ÉL VIENE CON LAS NUBES, y todo ojo lo verá, aun los que lo traspasaron; y todas las tribus de la tierra harán lamentación por Él. Sí. Amén. "Yo soy el Alfa y la Omega", dice el Señor Dios, "el que es y que era y que ha de venir, el Todopoderoso". (Ap 1:5-8)

> "Entonces oí una gran voz que decía desde el trono: 'El tabernáculo de Dios está entre los hombres, y Él habitará entre ellos y ellos serán Su pueblo, y Dios mismo estará entre ellos. Él enjugará toda lágrima de sus ojos, y ya no habrá muerte, ni habrá más duelo, ni clamor, ni dolor, porque las primeras cosas han pasado'. El que está sentado en el trono dijo: 'Yo hago nuevas todas las cosas'. Y añadió: 'Escribe, porque estas palabras son fieles y verdaderas'. También me dijo: 'Hecho está. Yo soy el Alfa y la Omega, el Principio y el Fin. Al que tiene sed, Yo le daré gratuitamente de la fuente del agua de la vida. El vencedor heredará estas cosas, y Yo seré su Dios y él será Mi hijo'". (Ap 21:3-7)

> "'Por tanto, Yo vengo pronto, y Mi recompensa está conmigo para recompensar a cada uno según sea su obra. Yo soy el Alfa y la Omega, el Primero y el Último, el Principio y el Fin'.

Bienaventurados los que lavan sus vestiduras para tener derecho al árbol de la vida y para entrar por las puertas a la ciudad. [...] 'Yo, Jesús, he enviado a Mi ángel a fin de darles a ustedes testimonio de estas cosas para las iglesias. Yo soy la raíz y la descendencia de David, el lucero resplandeciente de la mañana'. El Espíritu y la esposa dicen: 'Ven'. Y el que oye, diga: 'Ven'. Y el que tiene sed, venga; y el que desee, que tome gratuitamente del agua de la vida. [...] Él que testifica de estas cosas dice: 'Sí, vengo pronto'. Amén. Ven, Señor Jesús". (Ap 22:12-14, 16-17, 20)

Aquel glorioso día, los que temen y honran al Señor ciertamente correrán y saltarán como terneros porque el sol de justicia se habrá levantado sobre ellos (Mal 4:2). Se postrarán ante Él, levantarán sus manos y adorarán al que los ama y los libertó de sus pecados. Para aquellos que esperamos en Cristo Jesús, ese día anunciado por los profetas será de gran bendición, recompensa y celebración como jamás ojos humanos han visto ni imaginado. ¿Está listo para recibir al que es, y que era, y que ha de venir? Amén. ¡Ven pronto, Señor Jesús!

9

EL ARREPENTIMIENTO, EL INICIO DEL REGRESO

"Por tanto, arrepiéntanse y conviértanse, para que sus pecados sean borrados, a fin de que tiempos de alivio vengan de la presencia del Señor". **Hch 3:19**

Habiendo visto cómo Dios llamó al pueblo hebreo a regresar a Él mediante un arrepentimiento verdadero, es crucial que podamos entender con claridad en qué consiste el arrepentimiento en la Palabra de Dios. Muchos consideran que se han arrepentido al confesar su pecado ante Dios o ante los hombres. Si bien la confesión de pecados es bíblica, podemos confesar sin habernos arrepentido. De hecho, uno puede sentir remordimiento sin arrepentirse, como ocurrió con Judas (Mt 27:3-5). En medio de una era caracterizada por "la exoneración de culpa" y la relativización de todos los valores y hechos, es vital profundizar en el tema para tener una idea clara de qué es un verdadero arrepentimiento y un mero pesar o tristeza por las consecuencias que vienen a nosotros como resultado de haber obrado mal. No solo estamos viviendo en una era donde la exoneración de la culpa es común, sino que también enfrentamos tiempos difíciles en los que el pecado, incluso en su forma más extrema, ha invadido la iglesia misma. En años recientes, han salido a la luz escándalos de abuso sexual y fallos morales en iglesias e instituciones cristianas, mostrando la doble vida de algunos de sus líderes que no vivían conforme a la verdad que públicamente predicaban. Esto ha llevado a muchos a reflexionar sobre la corrupción moral de la naturaleza humana, que evidentemente ha impactado la iglesia de Cristo, incluso en el primer siglo de nuestra era. Indudablemente, la situación actual del cristianismo amerita un llamado general a la iglesia para volver a Dios: un llamado al arrepentimiento. Solo Dios puede rescatarnos del lodo cenagoso y afirmar nuestros pasos sobre la roca de nuestra salvación, Cristo Jesús.

No debemos olvidar que el Señor Jesucristo definió claramente el propósito de Su misión cuando dijo: "No he venido a llamar a justos, sino a pecadores al arrepentimiento" (Lc 5:32). Y ese fue precisamente el llamado que caracterizó el ministerio de Juan el Bautista, el precursor del Mesías, quien proclamó en el desierto: "Arrepiéntanse, porque el reino de los cielos se ha acercado" (Mt 3:2). De la misma manera, el apóstol Pedro llamó al pueblo al arrepentimiento, como se registra en el libro de los Hechos:

> "Por tanto, arrepiéntanse y conviértanse, para que sus pecados sean borrados, a fin de que tiempos de alivio vengan de la presencia del Señor". (Hch 3:19)

Además, recordemos también las palabras del mismo Pedro a los creyentes esparcidos por diferentes regiones a causa de la persecución:

> "Porque es tiempo de que el juicio comience por la casa de Dios. Y si comienza por nosotros primero, ¿cuál será el fin de los que no obedecen al evangelio de Dios? Y SI EL JUSTO CON DIFICULTAD SE SALVA, ¿QUÉ SERÁ DEL IMPÍO Y DEL PECADOR?". (1 P 4:17-18)

Note la seriedad de estas palabras. La iglesia no puede entretenerse con el pecado de los que están afuera y descuidar el pecado de quienes están adentro. De hecho, Pablo dice en 1 Corintios 5:12-13 que nosotros juzgamos a los de dentro, pero a los de afuera los juzgará Dios, refiriéndose a cómo cuidar de la santidad de aquellos que forman parte del Cuerpo de Cristo.

Sin duda, el mundo hispanoparlante necesita más expositores de la verdad de Dios, llenos de valentía y profunda convicción, que prediquen con firmeza el mismo mensaje que el profeta Jeremías predicó al pueblo hebreo antes de la caída de Jerusalén. Pastores y líderes persistentes en llamar enérgicamente a la iglesia al arrepentimiento. Los tiempos en los que nos encontramos revelan una decadencia moral, como muchos han señalado, y por ello es imprescindible un retorno de la iglesia a Dios. Solo entonces, la iglesia estará en posición de llamar al incrédulo a su propio arrepentimiento.

En la actualidad vivimos tiempos muy complejos y turbulentos, caracterizados por un aumento del rechazo de las verdades del evangelio y la moralidad bíblica, y todo apunta a que se avecinan tiempos aún peores, más desafiantes. Lamentablemente, son muy pocos los pastores y líderes cristianos que predican sobre la necesidad de arrepentimiento por parte de la iglesia. Esto nos motiva para abordar un tema como este, que aparenta ser simple y muy obvio, pero que es fácilmente ignorado y mal interpretado. Creo que hay quienes temen hablar de pecado en nuestros días y si evitamos hablar de pecado, menos aún querríamos hablar de arrepentimiento, ya que el segundo acto depende del primero.

Se ha escrito y hablado sobre el evangelio, lo cual celebramos. Se ha predicado y hemos afirmado en múltiples ocasiones que el evangelio no es solo para incrédulos, sino también para los creyentes. Sin embargo, muchos predicadores han olvidado recordarle al creyente que ese evangelio nos llama a vivir una vida de arrepentimiento, como lo expresó Martín Lutero en la primera de sus 95 tesis. El hijo de Dios necesita que se le recuerde que la gracia, parte esencial del mensaje del evangelio, proviene de un Dios santo que no toma con ligereza el pecado, ya sea en el incrédulo o en el creyente.

El anhelado avivamiento en nuestra región y más allá no ocurrirá a menos que el pueblo de Dios vuelva a Él primero. El arrepentimiento no garantiza el avivamiento, pero para que un avivamiento pueda producirse se requiere de la humillación del creyente delante de Aquel que puede llamar las cosas que no son como si fueran. El pastor de una iglesia no es el Espíritu Santo para saber quién está inmerso en la práctica del pecado y quien no. Tampoco darse a la tarea de tratar de discernirlo, ya que esa labor es de Dios y no humana. Sin embargo, es nuestra responsabilidad predicar con fidelidad las Escrituras, pues Dios utiliza la exposición de Su Palabra y el poder de Su Espíritu para llevar al arrepentimiento a Su pueblo.

Los acontecimientos de los últimos años, tanto en el plano internacional como nacional, han inquietado, cargado y entristecido nuestro corazón. A esto, alguien pudiera alegar: "Pastor, pero Dios está en control de todo". Y ciertamente, así es. Sin embargo, esa certeza no evitó que Cristo llorara por el juicio que vendría sobre Jerusalén; ni que Jeremías dejara de llorar por el juicio que caería sobre el pueblo de Dios, o que Daniel (capítulo 9) y Nehemías (capítulo 1) oraran con lágrimas por la condición del pueblo.

No ha existido una época en la historia bíblica donde el pueblo de Dios no haya sido juzgado o disciplinado, en ocasiones severamente, por su falta de arrepentimiento. Ya sea durante los cuarenta años en el desierto, en la época de los jueces, en la época de las siete iglesias mencionadas en Apocalipsis y a lo largo de los últimos dos milenios. Dios nunca ha pasado por alto el pecado de aquellos que invocan Su nombre. Por ello, el apóstol Pedro recordó a la iglesia que, a la hora de pasar juicio, Dios comienza por Su propia iglesia, como se menciona en el pasaje citado al inicio del capítulo (1 P 4:17-18).

> **La iglesia no puede entretenerse condenando**
> **el pecado de los que están afuera y descuidar**
> **el pecado de los que están adentro.**

Esta es precisamente nuestra motivación al escribir: llamar la atención del pueblo de Dios, especialmente de las iglesias del mundo hispanoparlante, y recordarle que, así como Jesús pasó juicio sobre aquellas siete iglesias en la antigüedad (Ap 1-3), Él ha de juzgar Su iglesia hoy.

Al igual que entonces, Cristo está tocando a la puerta de la iglesia con palabras de reprensión y a aquellos que respondan en arrepentimiento, Él les dará el privilegio de sentarse a Su mesa en Su reino:

> "Yo estoy a la puerta y llamo; si alguien oye Mi voz y abre la puerta, entraré a él, y cenaré con él y él conmigo". (Ap 3:20)

Estas palabras representaron una invitación al arrepentimiento a la iglesia de Laodicea que Cristo estaba a punto de vomitar. Y, aun así, el Señor la llamó al arrepentimiento primero. Sin santidad no podemos disfrutar de las bendiciones de Dios. El apóstol Pedro llamó a aquellos que le escuchaban a arrepentirse y convertirse para que sus pecados fueran borrados y pudieran disfrutar de tiempos de refrigerio en Su presencia (Hch 3:18-20). Pero la iglesia de Cristo necesita hacer lo mismo cada vez que ha perdido el rumbo si quiere volver a disfrutar de la presencia manifiesta de Dios. Lo que Dios hizo ayer, puede volver a hacerlo hoy.

El sello distintivo de un verdadero discípulo de Cristo es su vida de arrepentimiento; pero lamentablemente, la palabra "arrepentimiento" ha desaparecido de muchos de los púlpitos de las iglesias de hoy. Como escribió Richard Niebuhr en su libro *The Kingdom of God in America* [El Reino de Dios en América]: "El liberalismo es culpable de predicar a un Dios sin ira que trajo a hombres sin pecado a un reino sin juicio a través de la ministración de un Cristo sin cruz".[35] La primera de las 95 tesis de Martín Lutero afirma lo que acabamos de decir con relación a la vida de arrepentimiento: "Cuando nuestro Señor y Maestro Jesucristo dijo: 'Haced penitencia...', ha querido que toda la vida de los creyentes fuera de penitencia". Para nosotros los protestantes, la penitencia es "sinónimo de arrepentimiento, de dolor por el pecado y el alejamiento de dicho pecado para llevar una nueva vida".[36] La razón por la que necesitamos vivir de esta manera es porque el corazón tiene una inclinación

---

[35] Richard Nieburhr, *The Kingdom of God in America* (Nueva York: Willett, Clark & Company, 1937), p. 193.

[36] B. H. Shelley en *Evangelical Dictionary of Theology*, editado por Walter A. Elwell (Grand Rapids: Baker Book House Company, séptima impresión, 1990), p. 835.

natural a alejarse de Dios continuamente, y de ahí la necesidad de que "la mente le hable al corazón" sobre la verdad de Dios que ha aprendido en la Biblia. El corazón siempre dirá lo que quiere hacer, pero la mente tiene que decirle al corazón lo que debe hacer.

De ahí que, nuestro deseo y oración es que Dios pueda traer una vez más la expresión "¡arrepiéntanse!" a los labios de los predicadores, para que entonces podamos ver un despertar y eventualmente un avivamiento como fruto de la predicación fiel de Su Palabra. No olvidemos que, al llamar a nuestra audiencia a la salvación, tenemos que llamarlos también al arrepentimiento.

El fruto del arrepentimiento y su mayor obstáculo

El pueblo de Israel, que había regresado del exilio en Babilonia, comenzó de nuevo a reconstruir el templo después de que los profetas Hageo y Zacarías confrontaron severamente a la nación por mandato de Dios. Durante dieciséis años habían detenido el trabajo de reconstrucción alegando que todavía no había llegado el tiempo de edificar la casa de Dios (Hag 1:2). Pero la realidad era otra. Los expatriados que regresaron se habían acomodado, y al hacerlo, perdieron el interés en hacer la obra que Dios les había ordenado. Empezaron a gastar el dinero en la construcción y embellecimiento de sus propios hogares (Hag 1:3) en vez de usarlo para reedificar el templo. Esto hizo que Dios trajera sequías y hambrunas sobre la nación, decretando que los cielos se cerraran para que no hubiera lluvia (Hag 1:9-11). En otras palabras, la escasez que experimentaron no fue simplemente el resultado de una calamidad, sino de una disciplina de parte de Dios. Es increíble como el mal manejo de sus finanzas, su estilo de vida materialista y su falta de obediencia a Dios resultaron en un cambio en las condiciones climáticas de la nación de Israel, lo cual condujo a cambios sociales. Esto nos enseña que nuestros pecados tienen ramificaciones amplias, profundas, duraderas y de grandes proporciones. De hecho, *el favor de Dios jamás estará con nosotros hasta que hayamos reconocido nuestras faltas, nuestras transgresiones y nuestras iniquidades.*

Es imposible seguir violando la ley de Dios y esperar ser bendecidos por Él. De modo que el pueblo necesitaba santificarse y organizar sus prioridades si deseaba ser bendecido nuevamente por Dios (Hag 2:18-19).

> **No nos ganamos las bendiciones de Dios, pero la desobediencia nos coloca en el camino de la disciplina en vez de ponernos en una posición donde Dios quiera bendecirnos.**

Necesitamos volver a los caminos de Dios cada vez que Él nos llame. Por eso, dice el autor de la carta a los hebreos lo siguiente: "Por lo cual, como dice el Espíritu Santo: 'SI USTEDES OYEN HOY SU VOZ, NO ENDUREZCAN SUS CORAZONES, COMO EN LA PROVOCACIÓN, COMO EN EL DÍA DE LA PRUEBA EN EL DESIERTO'" (He 3:7-8). Volver a Dios es estar alineado con las prioridades de Dios, como dice Mark J. Boda en su libro *Return to Me* [Vuelvan a mí].[37] Dios deseaba que los israelitas reconstruyeran el templo con la intención de que así reconstruyeran sus vidas. Toda la vida religiosa de la nación de Israel giraba en torno al templo, y el descuido del templo de Dios era indicio de una vida igualmente descuidada. En esas condiciones, Dios no tendría comunión con ellos. De manera que, no fue hasta que el pueblo obedeció la voz del Señor, su Dios, y se arrepintió de su pecado, que Dios les dijo: "Yo estoy con ustedes" (Hag 1:13).

Por otro lado, la historia de la reconstrucción del templo nos muestra que *Dios obra favorablemente hacia aquellos que tienen un corazón arrepentido*. El pecado en el corazón del creyente impide que Dios mueva las circunstancias a su favor; pero el arrepentimiento remueve todos los obstáculos y trae consigo el favor de Dios. Inmediatamente después de que se reanudó la reconstrucción del templo, el pueblo fue cuestionado sobre quién los había autorizado a fabricar y de quiénes eran los obreros (Esd 5:3-5). La intención era detener la obra de reconstrucción una vez más, "pero el ojo de su Dios velaba sobre los ancianos de los judíos, y no les detuvieron la obra hasta que un informe llegara a Darío,

---

[37] Mark J. Boda, *Return to Me: A Biblical Theology of Repentance*, New Studies in Biblical Theology, vol. 35 (IVP Academic, 2015).

y volviera una respuesta escrita tocante al asunto" (Esd 5:5). La única razón por la que no detuvieron la obra es porque el ojo del Señor "velaba sobre los ancianos de los judíos", que es otra forma de mostrarnos que Dios estaba con el liderazgo del pueblo.

Como hemos insinuado anteriormente, la condición espiritual del liderazgo de una iglesia es vital para que Dios pueda bendecir o no a Su pueblo. Esto no quiere decir que la condición espiritual del resto de la congregación sea de poca importancia, ¡de ningún modo! Pero el caminar del liderazgo de la iglesia, su estilo de vida, su sumisión a Dios, su espíritu sumiso o insubordinado, su disposición a renunciar a intereses personales en favor de la visión que Dios le ha dado a la iglesia, es vital para que Dios obre con benevolencia en medio de Su pueblo. El pecado en el corazón del pueblo había impedido que Dios moviera las circunstancias a favor de Israel; pero después de su arrepentimiento, Dios quitó todos los obstáculos "... y los ancianos de los judíos tuvieron éxito en la edificación según la profecía del profeta Hageo y de Zacarías, hijo de Iddo. Y terminaron de edificar conforme al mandato del Dios de Israel y al decreto de Ciro, de Darío y de Artajerjes, rey de Persia" (Esd 6:14). Nuestro arrepentimiento muchas veces hace que Dios ponga gracia en el corazón de otros, al punto que nuestros enemigos se convierten en colaboradores y la oposición se convierte en provisión, tal como sucedió durante la reconstrucción del templo (Esd 6:6-12). Y lo contrario también es cierto: la falta de gracia en el corazón de otro hacia nosotros muchas veces no es más que el resultado de nuestro pecado y falta de arrepentimiento. Recuerde las palabras del Predicador en el libro de Proverbios: "Como canales de agua es el corazón del rey en la mano del SEÑOR; Él lo dirige donde le place" (Pr 21:1).

Ciertamente, Dios puede detener o bloquear algo en nuestra vida para probar nuestra fe; pero puede hacerlo simplemente porque Su gracia no está con nosotros debido a nuestro pecado. A modo de aplicación, pregúntese: *¿Es posible que haya algo en mi andar que esté estancando mi vida?; ¿Pudiera haber algo que espero que suceda, pero no sucede porque mientras espero que suceda, Dios espera que me arrepienta para orquestarlo?*

Nuestro arrepentimiento mueve la mano y el rostro de Dios a nuestro favor. Pero nuestra falta de arrepentimiento hace que la mano de Dios se vuelva contra nosotros.

No debemos olvidar que Dios anhela bendecir a Sus hijos, pero el proceso comienza con una actitud de humildad ante Dios y la admisión de nuestra parte de que hemos pecado, nos hemos desviado del camino y necesitamos volver a Dios. La humildad es un requisito para ser bendecido por Dios, porque la actitud opuesta, el orgullo, nos lleva a no reconocer nuestro pecado, queriendo mantenerlo en oculto para luego, si es necesario, justificarlo. Y bajo esas condiciones, Él se retira de nuestras vidas porque "Dios se opone a los orgullosos, pero da gracia a los humildes" (Stg 4:6, NTV). Por eso, los avivamientos nunca han ocurrido en medio de condiciones de orgullo; solo suceden cuando el pueblo de Dios se humilla ante su Dios. Y la razón es muy sencilla:

- Mientras el orgullo se resiste, la humildad se rinde.
- Mientras el orgullo se esconde, la humildad busca rendir cuentas.
- Mientras el orgullo se mantiene firme en su posición sin aceptar la corrección, la humildad es accesible, se deja corregir, escucha, admite su culpa, perdona y pide perdón con facilidad.

El orgullo es la actitud del corazón que más rápido nos aleja de Dios y hace que Dios se nos oponga. Por lo tanto, el orgullo es el mayor impedimento para el avivamiento en nuestra vida. Dios revela Su voluntad a aquellos que buscan Su rostro, pero cuando en nuestro orgullo permanecemos en la práctica del pecado, la prioridad pasa a ser la necesidad de arrepentirnos y volver a Él. La búsqueda de la voluntad de Dios y la vida de pecado existen en polos opuestos. Tan lejos como está el oriente del occidente, así está la voluntad de Dios de la práctica del pecado.

Por otro lado, el relato bíblico nos enseña una y otra vez que la falta de arrepentimiento nos roba el gozo del Señor. Después de su regreso desde Babilonia a Jerusalén, el pueblo de Dios pasó dieciséis años ignorando la orden de reedificar la casa de Dios y durante esos años estuvo en desobediencia a la voluntad de Dios. Por lo tanto, fueron dieciséis años sin experimentar el gozo de Dios porque es imposible experimentar Su gozo fuera de Su voluntad. La desobediencia no nos permite disfrutar de Sus bondades y una de esas bondades es poder contar con Su gozo en nuestras vidas.

Nuestra desobediencia, nuestro orgullo y nuestra falta de arrepentimiento afectan nuestra relación con Dios y nos impiden disfrutar del gozo del Señor. Cuando David pecó y aún no había confesado su pecado, el gozo abandonó su vida y el Salmo 51 es testimonio de ello. Allí, David escribió:

> "Hazme oír gozo y alegría, haz que se regocijen los huesos que has quebrantado. Esconde Tu rostro de mis pecados, y borra todas mis iniquidades. Crea en mí, oh Dios, un corazón limpio, y renueva un espíritu recto dentro de mí. No me eches de Tu presencia, y no quites de mí Tu Santo Espíritu. Restitúyeme el gozo de Tu salvación, y sostenme con un espíritu de poder". (Sal 51:8-12)

La falta de arrepentimiento es la causa número uno de la ausencia de gozo en nosotros. Nuestro gozo depende de nuestra obediencia; de hecho, nuestro gozo es directamente proporcional a nuestro grado de obediencia. Tanto así que Gálatas 5:22 revela que el gozo es fruto del Espíritu. Entonces, a mayor obediencia, mayor llenura, y a mayor llenura de Su Espíritu, mayor será nuestro gozo. El gozo no es más que el resultado de vivir en una relación con Dios caracterizada por una actitud de arrepentimiento. Por lo tanto, *no es posible caminar con Dios, contar con Su favor, conocer Su voluntad y experimentar Su gozo sin una vida de arrepentimiento.* Cuando leemos la historia bíblica y la historia de la iglesia, nos damos cuenta de que las personas que han caminado de cerca con Dios fueron personas que tuvieron una vida continua de arrepentimiento. Recuerde que el arrepentimiento no es un evento; es un estilo de vida para aquellos que son sensibles a la santidad de Dios. Estar cerca de Dios nos ayuda a ver nuestras faltas continuamente y al verlas, el Espíritu de Dios que vive en nosotros produce convicción y confesión de pecado.

Asimismo, el arrepentimiento produce en nosotros un despertar a la acción y nos motiva y energiza para llevar a cabo los propósitos de Dios para Su complacencia. En Filipenses 2:13, Pablo afirma que Dios es quien obra en nosotros tanto el querer como el hacer, para su buena intención. En otras palabras, el Espíritu de Dios que mora en nosotros nos motiva y nos empodera para hacer lo que a Él le agrada. Pero cuando hay pecado en nuestra vida, no nos sentimos motivados a hacer la obra de Dios, mucho menos en el tiempo de Dios y a la manera de Dios.

Nuestra dejadez y apatía ante un trabajo por hacer a veces se debe simplemente a nuestra falta de arrepentimiento. Dios es capaz de producir en nosotros tanto el deseo como la energía, como ya aludimos, para trabajar hasta que llevemos a cabo un propósito determinado; pero si nuestro arrepentimiento no ha ocurrido, no podemos contar con la motivación ni la fuerza para hacer las cosas que debemos. Al arrepentirse, el pueblo hebreo recuperó la confianza en el Dios que dirige la historia humana y no hay nada que nos motive más a hacer la obra de Dios que la confianza en su soberanía.

Reflexión final

Como hemos mencionado, Dios nos llama al arrepentimiento en base a Su carácter misericordioso (Jr 3:12b). Es por ello que nunca ha dejado a Su pueblo sin una voz profética que lo confronte. Lo vemos en la historia de la reconstrucción del templo cuando Hageo y Zacarías confrontaron al pueblo hebreo (Esd 5-6); también cuando el profeta Natán visitó a David (2 S 12); cuando Juan el Bautista clamaba en el desierto (Mt 3:1-3); y posteriormente, cuando Cristo comenzó su predicación llamando al arrepentimiento (Mt 4:7). Y a pesar de nuestra terquedad, en Su infinita misericordia, Dios ha decidido ser paciente con los hombres, "no queriendo que nadie perezca, sino que todos vengan al arrepentimiento" (2 P 3:9).

No obstante, Romanos 2:4 nos advierte sobre los riesgos de postergar nuestro arrepentimiento:

"¿O tienes en poco las riquezas de Su bondad y tolerancia y paciencia, ignorando que la bondad de Dios te guía al arrepentimiento?". (Ro 2:4)

Permanecer sin arrepentirnos es despreciar Su gracia y menospreciar Su bondad. Ciertamente, Dios es lento para la ira y abundante en misericordia, pero la falta de arrepentimiento solo agrava la condición del corazón impenitente en el día del juicio. Note cómo continúa el texto de Romanos 2:

"Pero por causa de tu terquedad y de tu corazón no arrepentido, estás acumulando ira para ti en el día de la ira y de la revelación del justo juicio de Dios. ÉL PAGARÁ A CADA UNO CONFORME A SUS OBRAS". (Ro 2:5-6)

El hecho de que Dios recompense a cada uno según sus obras nos demuestra que es un Dios justo. En la cruz, Cristo asumió la deuda que nos correspondía pagar, de tal forma que quienes sufran el peso de la ira de Dios en el día del juicio lo experimentarán porque eligieron seguir su propio camino, sin importar las consecuencias. Su terquedad y su corazón no arrepentido los conducirán a ese destino. Por tanto, "SI USTEDES OYEN HOY SU VOZ, NO ENDUREZCAN SUS CORAZONES" (He 4:7). Ahora es el momento para el arrepentimiento; más adelante podría ser muy tarde. ¡Créeme! Debido a la naturaleza caída del ser humano, todos tenemos la necesidad de vivir en constante arrepentimiento. Y al tomar conciencia de esto, se presenta el momento perfecto para volver a Dios con un corazón arrepentido.

Si, al leer y meditar en la Palabra de Dios, nos percatamos de que necesitamos arrepentirnos delante del Santo y Verdadero, resulta vital prestar oído a Su represión. No debemos endurecer nuestros corazones, sino responder con humildad y arrepentimiento. Recuerde que el llamado del cristiano es a perseverar incluso en las peores circunstancias y a no doblar sus rodillas ante el mundo. Sin embargo, sin arrepentimiento, sin una estrecha comunión con Dios y sin su protección y favor en nuestra vida, jamás podremos permanecer firmes en la verdad. Por tanto, pida al Señor que le dé un arrepentimiento genuino, que cambie su mente y su corazón mediante el poder de Su Palabra y que le ayude a pelear la buena batalla fortalecido en el poder del Espíritu.

10

EL CONSOLADOR EN MEDIO DE LA TRIBULACIÓN

"Bendito sea el Dios y Padre de nuestro Señor Jesucristo, Padre de misericordias y Dios de toda consolación, el cual nos consuela en todas nuestras tribulaciones, para que también nosotros podamos consolar a los que están en cualquier aflicción, dándoles el consuelo con que nosotros mismos somos consolados por Dios". **2 Co 1.3-4**

A la luz de lo expuesto en este libro, que, como habrán notado, tiene el propósito de instar a la iglesia de nuestros días a volver a Dios, nos parece pertinente concluir hablando del Dios de toda consolación. Deseamos recordar que nuestro Dios no es indiferente al dolor de Sus hijos ni pasa por alto las circunstancias difíciles que atravesamos en la vida. Por esta razón, citaré un pasaje muy conocido del Nuevo Testamento, un texto que ofrece mucho al creyente para reflexionar. Si somos honestos, muchos han cuestionado a Dios en situaciones de dificultad, confusión y sufrimiento. A continuación, abordaremos lo que se dice en 2 Corintios 1:1-11:

"Pablo, apóstol de Cristo Jesús por la voluntad de Dios, y el hermano Timoteo, a la iglesia de Dios que está en Corinto, con todos los santos que están en toda Acaya: Gracia y paz a ustedes de parte de Dios nuestro Padre y del Señor Jesucristo. Bendito sea el Dios y Padre de nuestro Señor Jesucristo, Padre de misericordias y Dios de toda consolación, el cual nos consuela en todas nuestras tribulaciones, para que también nosotros podamos consolar a los que están en cualquier aflicción, dándoles el consuelo con que nosotros mismos somos consolados por Dios. Porque así como los sufrimientos de Cristo son nuestros en abundancia, así también abunda nuestro consuelo por medio de Cristo. Pero si somos atribulados, es para el consuelo y salvación de ustedes; o si somos consolados, es para consuelo de ustedes, que obra al soportar las mismas aflicciones que nosotros también sufrimos. Y nuestra esperanza respecto de ustedes está firmemente establecida, sabiendo que como son copartícipes de los sufrimientos, así también lo son de la consolación. Porque no queremos que ignoren, hermanos, acerca de nuestra aflicción sufrida en Asia. Porque fuimos abrumados sobremanera, más allá de nuestras fuerzas, de modo que hasta perdimos la esperanza de salir con vida. De hecho, dentro de nosotros mismos ya teníamos la sentencia de muerte, a fin de que no confiáramos en nosotros mismos, sino en Dios que resucita a los muertos, el cual nos libró de tan gran peligro de muerte y nos librará, y en quien hemos puesto nuestra esperanza de que Él aún nos ha de librar. Ustedes también cooperaron con nosotros con la oración, para que por muchas personas sean dadas gracias a favor nuestro por el don que nos ha sido impartido por medio de las oraciones de muchos".

Esta porción de la Escritura es un texto clave en el Nuevo Testamento cuando se aborda el rol de Dios en las pruebas y dificultades en la vida del creyente. Son muchos, tanto creyentes como no creyentes, los que han cuestionado a Dios por permitir el dolor y el sufrimiento en la vida de Sus hijos. Durante mucho tiempo, Job no entendió la razón de su dolor y si había algo que lo atormentaba mentalmente, era la incapacidad de tener un encuentro con Dios para presentar su caso. Por su parte, Habacuc se quejó a Dios y le preguntó: "¿Hasta cuándo, oh SEÑOR, pediré ayuda, y no escucharás? Clamo a Ti: '¡Violencia!'. Sin embargo, Tú no salvas" (Hab 1:2). Y Salomón, el hombre más sabio de la tierra, en un momento se preguntó por qué los malvados prosperan, mientras que a los justos a menudo les va mal (Ec 8:14). Este tipo de preguntas suele surgir en momentos de debilidad emocional y espiritual en la vida del creyente, y otras veces surgen porque no hemos tenido la perspectiva correcta de la vida.

No debemos olvidar que nos ha tocado vivir en un mundo caído, y en ese entorno, todo es disfuncional: desde la naturaleza, que puede causar grandes inundaciones en un lugar mientras en otro ocurren severas sequías, hasta el cuerpo humano que se desgasta y falla como resultado de la caída del hombre.

En 2 Corintios 1:1-11, el apóstol Pablo nos ayuda a ver que el dolor es una experiencia natural en la vida del creyente y nos da la perspectiva correcta para vivir victoriosamente en este mundo caído. De hecho, Pablo es el autor que más habla del sufrimiento en toda la Biblia y lo hace teniendo toda la autoridad para hacerlo, primero como apóstol y luego por su experiencia, por su extenso conocimiento en esta materia del currículum que llamamos "sufrimiento". Dios prepara a Sus hijos para la vida de manera similar a como una universidad prepara a sus estudiantes para el ejercicio de una profesión. En la universidad hay materias obligatorias y otras electivas. En el currículo de Dios (metafóricamente), algunas materias son obligatorias y otras electivas; pero la materia titulada SUFRIMIENTO es una de esas materias que todo el mundo tiene que cursar. En Filipenses 1:29, Pablo dice: "Porque a ustedes se les ha concedido por amor de Cristo, no solo creer en Él, sino también sufrir por Él". En otras palabras, la salvación es un privilegio, pero es igualmente un privilegio sufrir por Cristo y Su causa. El sufrimiento tiene la capacidad de hacer cosas en nosotros y de mostrarnos atributos de Dios que ninguna otra experiencia lograría.

Ahora bien, el texto de 2 Corintios 1:1-11 revela que Dios no solo ha dispuesto que el sufrimiento sea parte de la vida de todo creyente, sino que también ha provisto para nosotros tanto el Consolador como su consolación.

El Consolador

"Bendito sea el Dios y Padre de nuestro Señor Jesucristo, Padre
de misericordias y Dios de toda consolación". (2 Co 1:3)

El apóstol Pablo comienza esta porción de su carta usando la palabra "bendito", del griego *eulogētos*, de donde proviene la palabra "elogio"
en español, que significa "hablar bien de alguien". De esta forma es
como las criaturas pueden bendecir al Creador: hablando bien de Él.

La expresión "Bendito sea el Dios y Padre de nuestro Señor
Jesucristo" aparece tres veces en el Nuevo Testamento (2 Corintios 1:3;
Efesios 1:3 y 1 Pedro 1:3). En Efesios 1:3, Pablo bendice y alaba a Dios por
lo que hizo por nosotros en el pasado cuando nos escogió en Cristo. En
1 Pedro 1:3, Pedro bendice y alaba a Dios por llamarnos a una esperanza
futura o viva. Y en 2 Corintios 1:3, Pablo bendice a Dios por lo que hace
por nosotros en el presente al consolarnos. Así, Dios es bendito y alaba-
do por lo que hizo en el pasado, por lo que hace en el presente y por lo
que hará en el futuro a favor de los Suyos.[38]

En 2 Corintios 1:3, Pablo bendice y exalta a Dios, Padre de nuestro
Señor Jesucristo, describiéndolo de una manera muy particular que no
podemos pasar por alto: como Padre de misericordias y Dios de toda
consolación, mostrándonos a Dios como el Consolador.

En el idioma hebreo, la palabra "padre" se refiere al origen o al ori-
ginador de algo. En Juan 8:44, Satanás es llamado el padre de la mentira porque todas las mentiras se originan en él. En este contexto, Dios
es llamado Padre de misericordias porque todas las misericordias que
recibimos provienen de Él. Nótese que Pablo utiliza la palabra "misericordias" en plural, y esta es obviamente la mejor manera de hacerlo
porque Dios no nos dio misericordia una vez; lo hace día tras día y es
por esa misericordia diaria que no somos consumidos (Lm 3:22). Por
otro lado, en Efesios 2:4, Pablo describe a Dios como rico en misericordia y el salmista afirma en el Salmo 103:17 que esa misericordia se
extiende desde la eternidad hasta la eternidad. En otras palabras, la

---

[38] Warren W. Wiersbe, *The Bible Expository Commentary*, vol. 1 (Wheaton: Victor Books, 1989), pp.
628-629.

misericordia de Dios es infinita e inagotable. Asimismo, Salmos 108:4 describe que la misericordia de Dios es grande y está por encima de los cielos.

La otra forma en que Pablo presenta a Dios en 2 Corintios 1:3 es como Dios de toda consolación. Aquí la palabra en el idioma original para "consolación" es *parakleseos* y aparece diez veces en sus diferentes formas en el texto de 2 Corintios 1 que citamos al principio. En su significado original, esta palabra implica mucho más de lo que significa para nosotros. Por lo general, cuando decimos que fuimos a ver a alguien para consolarlo, nos referimos a que fuimos a abrazarle y darle ánimos. Pero en el original, *parakleseos* significa mucho más que eso: implica estar al lado de la otra persona; aliviar; apoyar; y también conlleva la idea de estar junto al otro para darle la fuerza necesaria para enfrentar la vida, que es exactamente lo que el Espíritu Santo hace cuando viene a morar en nosotros. Así que, cuando Pablo presenta a Dios como el Padre de misericordias y Dios de toda consolación, está diciendo que nuestro Dios es quien viene a nuestro lado, a través del Espíritu Santo para aliviarnos, sostenernos y fortalecernos en medio de la aflicción, de modo que podamos atravesarla sin ser consumidos por ella.

La consolación de Dios

Después de que Pablo describe al Consolador, continúa describiendo Su consolación, y lo primero que queremos enfatizar es la perfección de Su consolación. En 2 Corintios 1:4 dice que Dios nos consuela en toda tribulación. Es decir, no nos consuela una vez y en un solo tipo de tribulación. ¡No! Sino en todo tipo de tribulación, porque Su consolación es perfecta, y no solo perfecta, sino paternal y personal.

En segundo lugar, Su consolación no solo es perfecta, sino paternal, porque Dios es nuestro Padre. Él no solo es el Padre de nuestro Señor Jesucristo, en quien hemos sido bendecidos con Sus riquezas en gloria, sino que también es nuestro Padre. De hecho, Cristo no se avergüenza de llamarnos hermanos porque tenemos una relación filial al punto de que el Padre nos ha hecho coherederos con Él (Ro 8:17). De manera que los hijos adoptivos heredarán junto con el Unigénito del Padre... difícil de creer o de entender; pero completamente cierto. Entonces, que la consolación de Dios sea paternal implica que no es como la que da un médico a su paciente, o un amigo a otro amigo, sino como la que un Padre da a un hijo que ha engendrado y por el que siente.

En tercer lugar, Su consolación es también personal, porque es una consolación propicia para cada situación en la que cada uno de sus hijos se vea involucrado. Dios no ofrece una consolación general que cada creyente deba luego adaptar a su situación particular; ¡por supuesto que no! Más bien, como Padre que es, nos ofrece una consolación que Él mismo adapta a la situación por la que estamos pasando. La consolación que Dios trae a una persona que acaba de perder su trabajo no es la misma que trae a una madre que acaba de perder un hijo o alguien que está en peligro de muerte, como le ocurrió tantas veces al apóstol Pablo. En su segunda carta a los corintios, Pablo relata sus experiencias de sufrimiento de la siguiente manera:

"Cinco veces he recibido de los judíos treinta y nueve azotes. Tres veces he sido golpeado con varas, una vez fui apedreado, tres veces naufragué, y he pasado una noche y un día en lo profundo. Con frecuencia en viajes, en peligros de ríos, peligros de salteadores, peligros de mis compatriotas, peligros de los gentiles, peligros en la ciudad, peligros en el desierto, peligros en el mar, peligros entre falsos hermanos; en trabajos y fatigas, en muchas noches de desvelo, en hambre y sed, con frecuencia sin comida, en frío y desnudez". (2 Co 11:24-27)

A alguien en tales dificultades, Dios lo fortalecerá y lo llenará de valor y ese valor y esa fortaleza le servirán de consuelo. Mientras que a alguien que acaba de perder a su hijo o esposa, lo llena de un sentimiento de aceptación y esperanza futura que le brindan consuelo. Por eso decimos que Su consolación es perfecta, paternal y personal. En otras palabras:

- No hay pérdida que SU PRESENCIA no pueda reemplazar.
- No hay vacío que SU SUFICIENCIA no pueda llenar.

- No hay debilidad que SU GRACIA no pueda fortalecer.
- No hay dolor que SU MISERICORDIA no pueda aliviar.
- No hay tristeza que SU GOZO no pueda abatir.
- No hay herida que SU TOQUE no pueda sanar.
- No hay enemistad que SU CRUZ no pueda reconciliar.
- No hay interrogantes que SU SABIDURÍA no pueda responder.
- No hay carencia que SU PROVISIÓN no pueda suplir.
- No hay esclavitud que SU PODER no pueda romper.

Por eso, en 2 Corintios 1:4, Pablo comienza diciendo que Dios nos consuela en toda tribulación. No en algunas, sino en todas. Aquí la palabra "tribulación" es *thlipsis* en griego, que significa "estrecho"; "estar confinado"; "estar bajo presión".[39] Piense en un animal de carga que recibe un peso tan enorme que es aplastado por él; o en un hombre que tiene un peso tan grande en el pecho que termina por aplastarlo. Por tanto, el apóstol no está hablando de algo ligero, sino de algo pesado que incluso puede llevarnos a perder toda esperanza de salir con vida, como le sucedió a él. Y en medio de esa tribulación, el consuelo de Dios está disponible siempre que el creyente esté dispuesto a echar mano de él.

Según los académicos del idioma, en el griego hay diez palabras básicas para sufrimiento, y Pablo aquí usa cinco de ellas. Así que el texto de 2 Corintios 1:1-11 es un verdadero minitratado sobre el sufrimiento y la forma en que Dios nos consuela en medio de nuestras tribulaciones. Lo que nos lleva a preguntarnos: *¿Cómo nos consuela Dios hoy?* Pues de la misma manera que lo hizo con los Suyos en el pasado. A través de Su Palabra, a través de Su Espíritu y a través de otros creyentes. Por eso, si hemos de ser consolados, exhortados, santificados y fortalecidos por Dios, necesitamos ser parte del cuerpo de Cristo porque el diseño de Dios es que todo esto suceda en medio da la comunidad de creyentes.

Con relación a la consolación de Dios, veamos no solo su perfección, sino también su propósito.

---

[39] George W. Wigram, *The Englishman's Greek Concordance of the New Testament* (Peabody: Hendrickson Publishers, 2012), Palabra #2347, p. 376.

El propósito de la consolación de Dios

En 2 Corintios 1:4, refiriéndose al Consolador, Pablo escribe:

> "... El cual nos consuela en todas nuestras tribulaciones, para que
> también nosotros podamos consolar a los que están en cualquier
> aflicción, dándoles el consuelo con que nosotros mismos somos
> consolados por Dios". (2 Co 1:4)

Si hay algo que sabemos es que Dios no hace nada sin un propósito definido, y cuando nos consuela, busca no solo prepararnos para
enfrentar las presiones de la vida diaria, sino también prepararnos de
tal manera que podamos hacer por los demás lo que Él ha hecho por
nosotros. Los problemas que nos llegan no son accidentes, sino parte
de Su orquestación. ¡Dios está en control!

Para nadie es un secreto que la vida tiene experiencias difíciles que
nos lastiman y que la forma natural de responder a una ofensa es levantando barreras emocionales como un mecanismo de autodefensa. Pero
cuando eso sucede, se vuelve difícil sentir nuestras propias emociones
y, peor aún, sentir las emociones del otro. El mayor problema es que las
barreras emocionales nos impiden sentir el abrazo de Dios en medio
de la dificultad. Por eso, muchas veces el creyente piensa que Dios está
lejos o lo ha abandonado cuando se encuentra en medio de diferentes
pruebas.

No es lo mismo dar una palabra de consuelo que sentir el dolor del
otro al consolar. No es lo mismo alentar que ser un aliento. No es lo
mismo estar al lado del otro que ponerse en los zapatos del otro. Pero
resulta que la única forma en que Dios derriba nuestras barreras para
que podamos ser un bálsamo para los que están sufriendo, y no solo
alguien que sabe sobre un bálsamo, es permitiéndonos pasar por tribulación, angustia y dolor. Al pasar por estas experiencias, Dios derriba
aquellas cosas en nosotros que no nos permiten consolar a los demás.
A. W. Tozer dijo: "Es dudoso que Dios pueda bendecir grandemente a
un hombre hasta que lo haya lastimado profundamente".[40] Si eso es
cierto, el apóstol Pablo es la mejor evidencia.

---

[40] A. W. Tozer, *The Root of the Righteous* (Chicago: Moody Press), pp. 124, 151.

Dios quiere usar no solo la aflicción, sino el efecto que la aflicción tiene en nosotros para ministrar a otros. Las heridas en nosotros, si son llevadas como Dios manda, hablan de una manera que ningún predicador puede hablar. A continuación, compartimos una ilustración de esto que leí en una ocasión:

"En una ocasión, un indio de la selva llegó a conocer al Señor. Por su fe, fue perseguido, herido, abatido y como consecuencia de ello llevaba múltiples cicatrices en su cuerpo. Estaba más o menos bajo arresto domiciliario en su tribu, así que pidió permiso para ir a compartir el mensaje de la cruz con un pueblo cercano y el jefe de la tribu le dijo: 'Si quieres, podemos enviar a alguien más, pero no a ti'. Entonces preguntó: '¿Por qué?'. Y el jefe indio respondió: "Porque si ven tus cicatrices, entonces te creerán".

Tomás vio las cicatrices de nuestro Señor y creyó. El mundo ha visto las cicatrices de Cristo y muchos han creído por ellas. La pregunta es: ¿ha visto el mundo nuestras cicatrices? El mundo está lleno de incrédulos como Tomás que quieren ver las cicatrices de aquellos que proclaman el mensaje del evangelio para ver si ese mensaje es una realidad o una ilusión. Dios permite nuestras heridas con un propósito, pero muchos de nosotros no queremos que nos lastimen; preferimos la comodidad y nuestra zona de seguridad, y de esa manera permanecemos alejados de los que están sin esperanza. El mundo no sabe cómo lidiar con el dolor y Dios, que es rico en misericordia, permite que nos vengan pruebas y tribulaciones para ablandarnos, porque la vida nos endurece. Y a través de las pruebas Dios nos ablanda y, después de ablandarnos, nos permite sentir Su consolación para que podamos consolar a otros con el mismo consuelo que hemos sido consolados.

En 2 Corintios 1:6, Pablo nos deja ver algo de esto en su propia vida:

"Pero si somos atribulados, es para el consuelo y salvación de ustedes; o si somos consolados, es para consuelo de ustedes, que obra al soportar las mismas aflicciones que nosotros también sufrimos".

Lo que Pablo nos está diciendo es que sus propias aflicciones redundarán en beneficio para los corintios porque podrán escuchar cómo Dios lo consoló en medio de las aflicciones y eso servirá para fortalecer su fe y consolarlos a ellos. Esa es la misma idea que aparece en su carta a los filipenses, cuando dice:

"Quiero que sepan, hermanos, que las circunstancias en que me he visto, han redundado en un mayor progreso del evangelio, de tal manera que mis prisiones por la causa de Cristo se han hecho notorias en toda la guardia pretoriana y a todos los demás. La mayoría de los hermanos, confiando en el Señor por causa de mis prisiones, tienen mucho más valor para hablar la palabra de Dios sin temor". (Fil 1:12-14)

Las prisiones de Pablo aumentaron el valor de muchos creyentes porque Dios usa el testimonio de otros para confrontarnos y para consolarnos. La historia de Job, por ejemplo, nos anima a ser más pacientes en la espera cuando Dios parece estar ausente. La historia de Abraham ofreciendo a su hijo nos anima a confiar en Dios. La historia de Daniel nos motiva a caminar en integridad ante Dios y los hombres. Y así hay muchas otras historias en la Palabra que nos sirven de aliento en medio de tiempos de gran confusión, dolor y sufrimiento y nos invitan a confiar en el Dios soberano sobre cada pulgada del universo, el Padre de misericordias y Dios de toda consolación.

Ahora bien, tal vez alguien esté pensando: *Pastor, pero nunca he sentido el consuelo de Dios en diez años de vida cristiana que llevo.* Bueno, como ya mencionamos, a veces las barreras emocionales que hemos puesto después de experiencias dolorosas son tan altas que ni siquiera podemos sentir el abrazo de Dios. Y entonces tampoco sabemos dar ese abrazo a los demás porque no podemos dar lo que no tenemos. Dios quiere que seamos un testimonio para otros de Su gracia, Su poder y Su misericordia. Dios nos fortalece para que podamos fortalecer a otros.

¿Cuán proporcional es la consolación de Dios?

Hasta aquí hemos hablado de la perfección y el propósito de la consolación de Dios. Ahora veremos su proporcionalidad. Y para ello, nos vamos a referir nuevamente a la segunda carta de Pablo a los corintios, donde les dice:

"Porque así como los sufrimientos de Cristo son nuestros en abundancia, así también abunda nuestro consuelo por medio de Cristo. [...] Y nuestra esperanza respecto de ustedes está firmemente establecida, sabiendo que como son copartícipes de los sufrimientos, así también lo son de la consolación". (2 Co 1:5, 7)

Cuando Pablo alude a los sufrimientos de Cristo, no se refiere a lo que Él sufrió, sino a los sufrimientos que el cristiano tiene que enfrentar como resultado de vivir una vida cristiana. Si estos sufrimientos son abundantes, así de abundante será Su consolación. De ahí que hablemos de lo proporcional que es la consolación de Dios. Como dice el himno "Él da mayor gracia" de Annie Johnson Flint, cuya versión al español dice más o menos así:

Él da mayor gracia
Cuando las cargas aumentan
Él envía mayor fortaleza
Cuando aumenta el trabajo

A las aflicciones añadidas,
Él añade Su misericordia
A las pruebas multiplicadas,
Se multiplica, aún más, Su paz

Su amor no tiene límites,
Su gracia no tiene medida,
Su poder no tiene límites
Conocidos por los hombres

Porque de Sus infinitas riquezas en Jesús,
Él da, y da, y da otra vez.

Esto explica la fortaleza de los mártires a lo largo de la historia de la iglesia. Su gracia incrementada en el momento de la prueba les permitió resistir la persecución y las llamas. Todos quisiéramos experimentar el nivel de gracia que Dios dio a estas personas del pasado, pero ninguno de nosotros quiere pasar por esas pruebas. Sin embargo, ambos escenarios son inseparables porque Dios da la medida de Su gracia en proporción a la prueba que enfrentamos, y esa gracia no llega hasta que llega la prueba, y cuando llega, es acorde al tamaño de la prueba. Es similar al actuar del anestesiólogo: no nos pone la anestesia la noche previa a la cirugía para convencernos de que la anestesia funcionará y podremos soportar el dolor. ¡No! Nos inyecta anestesia justo antes de que comencemos a sentir dolor. Dios hace lo mismo con Su gracia. Él no nos "inyecta" una dosis extra de esa gracia antes de la prueba, sino en el momento de la prueba. Y Dios nunca llega tarde.

En resumen, no solo la perfección, el propósito y la proporcionalidad de su consolación son dignos de mención, sino también la precisión con la que esa consolación llega a nuestras vidas, es decir, cuán oportuna es la consolación de Dios.

La precisión de Su consolación

"Porque no queremos que ignoren, hermanos, acerca de nuestra aflicción sufrida en Asia. Porque fuimos abrumados sobremanera, más allá de nuestras fuerzas, de modo que hasta perdimos la esperanza de salir con vida. De hecho, dentro de nosotros mismos ya teníamos la sentencia de muerte, a fin de que no confiáramos en nosotros mismos, sino en Dios que resucita a los muertos, el cual nos libró de tan gran peligro de muerte y nos librará, y en quien *hemos puesto nuestra esperanza de que Él aún nos ha de librar*". (2 Co 1:8-10, énfasis añadido)

La frase "perdimos la esperanza" se traduce una palabra griega un tanto inusual. Según los expertos es la palabra *exaporéomai*, que implica una total y absoluta imposibilidad de encontrar una vía de escape de una circunstancia opresiva.[41] Pablo explica que esto ocurrió en Asia, y aunque no está claro cuál fue esta abrumadora circunstancia, existen diferentes teorías al respecto. Lo importante es que esa situación llegó a tal extremo que Pablo entendió que no había manera de escapar con vida porque una sentencia de muerte pesaba sobre él. Pero en el último momento, cuando todo parecía perdido, Dios libró a Pablo de la muerte. A esto nos referimos cuando hablamos de cuán precisa es la consolación de Dios, pues nunca llega tarde. Ahora, Dios permitió que Pablo perdiera la esperanza para hacerle entender que cuando hemos agotado todos nuestros recursos, fuerzas y esperanza, es cuando Dios apenas ha comenzado. De ahí que Pablo comprendiera que Su poder se perfecciona en nuestra debilidad (2 Co 12:9).

Dios conoce nuestra naturaleza pecaminosa y entiende que muchas veces confiamos en nuestras capacidades, dones, talentos, experiencias y preparación. Y Dios, sabiendo esto, quiere arrancarnos ese sentido de autoconfianza y seguridad en nosotros mismos.

Decimos que confiamos en Dios, pero nos sentimos inseguros si no tenemos una póliza de seguro contra robos, un seguro médico o un seguro de vida. Y el problema no radica en tener una póliza, sino en la inseguridad que sentimos si no la tenemos. Pero nos preguntamos: *¿Cómo sobrevivió la iglesia hasta el año 1666 cuando apareció en Londres la primera póliza de seguro contra incendios?* Aunque contar con este tipo de recursos no es pecaminoso, el ser humano tiene la tendencia a corromper todo lo que toca con su pecado. Por lo tanto, estas pólizas suelen desplazar nuestra confianza de Dios a los seres humanos o a nuestras finanzas. Y es por eso que Dios a menudo tiene que zarandearnos hasta el punto de hacernos perder toda esperanza de vida, para que aprendamos a confiar solo en Él, no en nosotros mismos.

Muchos compran ciertos tipos de vehículos porque son más seguros, y los cristianos no son la excepción. Pero ¿de verdad creemos que nuestra supervivencia en un accidente automovilístico depende

[41] James Strong, *Nueva concordancia Strong exhaustiva* (Nashville: Editorial Caribe, 2002), #1820.

de la estructura del vehículo que conducimos? Porque de ser así, entonces los que más pueden siempre estarían mejor protegidos en sus vehículos que los que tienen menos recursos, incluso si son hijos de Dios. Además, si este es el caso, a medida que avancemos en la tecnología, necesitaremos a Dios cada vez menos. Algo que el cristiano moderno ha comenzado a hacer. Y cuando eso sucede, Dios considera que es un momento oportuno para llevarnos a una situación en la que perdamos toda esperanza. Solo así, a través de esa experiencia, podremos sentir la presencia del Padre de misericordias y Dios de toda consolación y aprender a no confiar en nosotros mismos, sino en Aquel que no solo puede librarnos del peligro de la muerte, sino también tiene el poder de resucitar a los muertos. Pues hasta que no pasemos por una dificultad en la que sintamos haber perdido toda esperanza de vida, no sabremos lo que es recibir la consolación de Dios en el momento preciso.

El producto final de Su consolación

Finalmente, en relación a la consolación de Dios, queremos ver cuál es su producto final. Para esto, recordemos las palabras de Pablo en 2 Corintios 1:11.

> "Ustedes también cooperaron con nosotros con la oración, para que por muchas personas sean dadas gracias a favor nuestro por el don que nos ha sido impartido por medio de las oraciones de muchos". (2 Co 1:11)

Uno de los propósitos de Dios es que seamos personas agradecidas, y la forma en que nos enseña a serlo es dejándonos pasar por las tribulaciones. Así, cuando Él interviene en nuestro favor, podemos reconocer Su fidelidad, Su gracia y Su consolación. Luego podemos mirar hacia atrás y decir: "¡Gracias, Dios, por Tu intervención!". Sin embargo, lamentablemente, esto no siempre es así. ¿Recuerda la historia de los diez leprosos en Lucas 17:11-19? Solo uno se volvió para agradecer a Jesús por haberlo sanado; pero ¿qué sucedió con los otros nueve? Se ha sugerido que, en esos nueve leprosos, la ingratitud se mezcló con su incredulidad, y quizás cada uno de ellos razonó de diversas maneras:[42]

Uno esperó para comprobar si la sanidad era real.
Uno esperó a ver si la sanidad perduraría en el tiempo.
Uno dijo que vería a Jesús más tarde.
Uno concluyó que nunca había tenido lepra.
Uno argumentó que se habría recuperado de todos modos.
Uno atribuyó la gloria a los sacerdotes.
Uno dijo: "Oh, bueno, Jesús realmente no hizo nada".
Uno opinó: "Cualquier rabino podría haberlo hecho".
Uno consideró que ya había mejorado mucho.

Solo uno se volvió para dar gracias, ¿por qué? Porque nuestra tendencia natural es ser ingratos, escépticos y olvidarnos de la obra de Dios en nuestras vidas. De hecho, en Romanos 1:20-21, Dios revela dos cosas que provocaron Su ira contra el hombre: no lo honraron como a Dios ni le dieron gracias. No desperdiciemos la oportunidad que Dios nos brinda en medio de la dificultad, el dolor y el sufrimiento para verlo como realmente es, nuestro Padre de misericordias y Dios de toda consolación. Que, mientras estemos en medio de la tormenta, permanezcamos confiados en Su soberanía y Su gran bondad. Así, cuando termine la prueba que estamos enfrentando, podamos ser como aquel samaritano que fue sanado de su lepra y regresemos a Dios con un corazón agradecido por su obra de salvación, redención y santificación en nuestras vidas. Solo entonces podremos consolar a otros de la misma manera en que fuimos consolados por nuestro Padre.

Recuerde, no importa la situación en la que nos encontremos, el Padre de misericordias y Dios de toda consolación no se ha olvidado de nosotros. Nuestro Dios es poderoso para socorrernos en medio de la tormenta; para rescatarnos de las garras del maligno y librarnos de nosotros mismos; para guardarnos sin caída y presentarnos sin mancha en presencia de Su gloria con gran alegría (Jud 1:24). No hay razón para

---

[42] Charles L. Brown, *Content The Newsletter*, junio 1990, p. 3.

temer porque a medida que aumenta la severidad de la tormenta, también aumentará Su gracia, Su poder, Su provisión y Su misericordia en nuestras vidas. Confiemos en Dios y volvamos a Él.

Conclusión

CÓMO SOBREVIVIR AL ECLIPSE DE DIOS

"Pero debes saber esto: que en los últimos días vendrán tiempos difíciles. Porque los hombres serán amadores de sí mismos, avaros, jactanciosos, soberbios, blasfemos, desobedientes a los padres, ingratos, irreverentes, sin amor, implacables, calumniadores, desenfrenados, salvajes, aborrecedores de lo bueno, traidores, impetuosos, envanecidos, amadores de los placeres en vez de amadores de Dios; teniendo apariencia de piedad, pero habiendo negado su poder. A los tales evita". **2 Ti 3:1-5**

Hemos llegado al final de este libro, que iniciamos con una introducción acerca del "eclipse de Dios" que estamos viviendo en nuestros días. Esa es una realidad dura y deprimente; pero si hay algo que nos puede llenar de cierto optimismo es que independientemente de cómo nos sintamos, la realidad es que la iglesia prevalecerá. Y sabemos que será así porque así lo profetizó Jesús; y si lo profetizó, sabemos que así será, porque Dios no puede faltar a una sola de Sus promesas. Así lo dijo Jesús: "... sobre esta roca edificaré Mi iglesia; y las puertas del Hades no prevalecerán contra ella" (Mt 16:18b).

Durante veinte siglos, la iglesia de Cristo, representada por sus miembros, ha sido acusada, perseguida, calumniada, encarcelada y hasta torturada; sin embargo, hoy en día es más numerosa y está más extendida que en cualquier otro momento de la historia. Mencionamos todo esto porque sabemos que el tema de este libro es un poco pesado de digerir. Por lo tanto, es posible terminar de leer este material con el corazón algo apesadumbrado por la situación actual.

Hay dos formas principales de lidiar con situaciones difíciles como la que estamos considerando aquí. Una es ignorarla y hacer creer que no existe; pero eso no sería realista y no nos ayuda a prepararnos para el futuro. Y la otra es prepararnos para lo que viene según lo que Dios mismo ha revelado, y con este entendimiento, pelear la batalla a la manera de Dios y con Sus recursos en gloria.

La idea al final de este libro es contribuir de alguna manera a entender cómo sobrevivir al eclipse de Dios hasta que pase. Aunque hay que reconocer que existe la posibilidad de que el eclipse solo termine con la aparición del Hijo del Hombre en medio de las nubes, y que, en ese momento, todo ojo lo verá. Ese día y esa hora, nadie los conoce. Mientras tanto, no podemos ser pesimistas; pero tampoco podemos ser idealistas. Solo hay un camino y es ser realistas y escudriñar las Escrituras para conocer lo que Dios reveló sobre los tiempos venideros.

Según el historiador cristiano contemporáneo Carl R. Trueman, el proceso de secularización de la sociedad y debilitamiento de la iglesia tomó 200 años en Europa.[43] Este empezó a partir de la época de la Ilustración, cuando la ciencia comenzó a despertar y el hombre empezó a confiar más en su propia razón. Según el mismo autor, en Estados Unidos el proceso ha sido más rápido[44] y se ha dado desde el año 1960 en unos 60 años. De hecho, a fines de la década de 1950, la iglesia protestante en esa nación parecía estar en pleno apogeo. Billy Graham realizó una campaña evangelística a la ciudad de Nueva York en 1957 que duró tres días, pero el avivamiento fue tal que el estadio mantuvo casi

---

[43] Carl R. Trueman, *A Church for Exiles* (First Things, agosto 2014). Disponible en línea en https://www.firstthings.com/article/2014/08/a-church-for-exiles.

[44] *Ibid.*

lleno durante más de 100 días, con algunos días de descanso intercalados. "El 15 de mayo de 1957, las reuniones de la Cruzada de Nueva York comenzaron en el Madison Square Garden y continuaron durante 16 semanas sin precedentes. Durante esas 16 semanas, 2.397.400 personas asistieron a las reuniones y 61.148 tomaron decisiones para Cristo".[45] Sin embargo, ha pasado un tiempo considerable desde entonces y, lamentablemente, la situación en los Estados Unidos es muy diferente. La iglesia en aquella nación ha experimentado una pérdida considerable de miembros y del número de personas que asisten regularmente a las diferentes iglesias. Según Trueman, el historiador citado anteriormente, en los EE. UU., la iglesia cristiana está en un exilio cultural porque, en la actualidad, es culturalmente irrelevante. No es casualidad que la conferencia nacional de The Gospel Coalition en 2023 se llame Hope in the Wilderness (Esperanza en el desierto).

En el presente, parece que la iglesia tiene uno de dos caminos: rendirse al espíritu de la época o mantener su fidelidad a expensas de ser marginada social y culturalmente para subsistir en una tierra bíblicamente baldía. Confiar en el Dios que nos dio a Su Hijo mientras nos preparamos para sobrevivir al "eclipse de Dios" no es fácil, pero es necesario. Imaginamos este eclipse de Dios como un desierto espiritual donde las condiciones pueden tornarse tan difíciles como las que vivió el salmista cuando escribió: "Mis lágrimas han sido mi alimento de día y de noche, mientras me dicen todo el día: '¿Dónde está tu Dios?'" (Salmos 42:3). Las condiciones podrían ser de tal magnitud que la población podría burlarse de nosotros y preguntar: "¿Dónde está tu Dios?", como le sucedió al salmista.

Mencionamos todo lo anterior porque es posible que en el futuro tengamos que predicar en medio de un desierto espiritual donde los hombres "no soportarán la sana doctrina, sino que teniendo comezón de oídos, acumularán para sí maestros conforme a sus propios

---

[45] Información obtenida de un documento oficial de la colección de archivos de la Biblioteca Billy Graham, disponible en línea en: https://billygrahamlibrary.org/1957-new-york-crusade/

deseos; y apartarán sus oídos de la verdad, y se volverán a mitos" (2 Ti 4:3b-4, LBLA). No creemos que ese tiempo esté tan lejos; de hecho, pensamos que los vientos de ese tiempo ya han comenzado a sentirse.

Debemos prepararnos para sobrevivir a los tiempos que se avecinan

En nuestra opinión, el apóstol Pablo es la persona que mejor nos instruye en la Palabra de Dios sobre cómo prepararnos para enfrentar los tiempos difíciles del futuro. Antes de citar el primer texto que quisiéramos analizar, escrito por Pablo a Timoteo, queremos hacer una observación. Cuando leemos en el Nuevo Testamento sobre los "últimos días", tenemos que abrir el lente de nuestra mente y pensar más ampliamente en términos del calendario. Esta frase es utilizada, por ejemplo, por el autor de la epístola a los Hebreos para referirse al tiempo entre la primera y segunda venida de Cristo como podemos notar en la siguiente porción de Hebreos:

"Dios, habiendo hablado hace mucho tiempo, en muchas ocasiones y de muchas maneras a los padres por los profetas, en estos *últimos días* nos ha hablado por Su Hijo, a quien constituyó heredero de todas las cosas, por medio de quien hizo también el universo". (He 1:1-3, énfasis añadido)

El apóstol Pablo escribió dos cartas a su discípulo más cercano, Timoteo, a quien amaba profundamente y a quien quería preparar para afrontar las dificultades de los tiempos venideros. Dichas cartas han sobrevivido hasta nuestros días. En la segunda de estas cartas, conocidas como epístolas pastorales, Pablo le advierte acerca de cómo prepararse para sobrevivir en medio de una generación torcida y perversa, para usar una frase paulina que aparece en Filipenses 2:15. En las cartas conocidas como 1 y 2 Timoteo, Pablo, el veterano pastor y misionero, escribe a su amado discípulo y le deja sus últimos consejos. En ese momento, Pablo estaba anticipando una muerte cercana y, por lo tanto, creemos que estas eran epístolas cardinales, ya que no habría una tercera carta a Timoteo ni ninguna otra comunicación entre ellos.

Estas dos cartas podrían considerarse el testamento de Pablo para su hijo en la fe. Por eso, el estilo de ambas misivas es muy personal. El contenido es de peso, porque expresan la última advertencia y el último consejo de Pablo a Timoteo antes de morir, obviamente anticipando tiempos difíciles. Y esto es especialmente cierto en la segunda carta de Pablo a su discípulo. Esa carta es personal, intensa y final. Es intensa porque Pablo, estando en prisión, habla de lo cerca que está su partida; y es final porque no habría más comunicación entre Pablo y Timoteo. Comencemos, pues, a reflexionar sobre las implicaciones de algunas de sus advertencias.

En los últimos días vendrán tiempos difíciles

"Pero debes saber esto: que en los últimos días vendrán tiempos difíciles. Porque los hombres serán amadores de sí mismos, avaros, jactanciosos, soberbios, blasfemos, desobedientes a los padres, ingratos, irreverentes, sin amor, implacables, calumniadores, desenfrenados, salvajes, aborrecedores de lo bueno, traidores, impetuosos, envanecidos, amadores de los placeres en vez de amadores de Dios; teniendo apariencia de piedad, pero habiendo negado su poder. A los tales evita". (2 Ti 3:1-5)

El apóstol Pablo inicia esta porción de las Escrituras de una forma muy enérgica, con una oración imperativa: "debes saber esto". Es como si estuviera diciendo: "Timoteo, tienes que saber esto: en los últimos días vendrán tiempos difíciles". Pablo probablemente tenía en su mente los días y los tiempos difíciles que atravesaría la iglesia entre la encarnación de Cristo y Su segunda venida.

John Stott, en su comentario sobre 2 Timoteo, compara la iglesia con un barco y dice que la iglesia, a lo largo de su historia, pasaría por tiempos de tormentas, tempestades y aun huracanes.[46] Stott agrega que

---

[46] John R. W. Stott, *The Message of 2 Timothy*, (Downers Grove: IVP Academic, 1973), p. 83.

la palabra traducida como "difíciles" es *jalepós* en griego, que básicamente significa "tiempos duros; difíciles; tiempos de estrés; violentos; peligrosos; difíciles de soportar en términos de dolor físico, emocional o mental". En el griego clásico, la palabra traducida como "difícil" se usaba para referirse a las bestias salvajes, peligrosas en el mar embravecido. En el Nuevo Testamento, la única otra ocasión que se usa esta palabra es para referirse a los dos endemoniados gadarenos que eran tan salvajes e indomables como bestias salvajes.[47] Entonces, eso nos da una idea de qué clase de tiempos estamos hablando.

A lo largo de la historia, el mundo en general ha pasado por momentos difíciles. A veces debido a guerras como la Primera y Segunda Guerra Mundial; en otros casos debido a catástrofes naturales; y otras ocasiones debido a plagas como la peste bubónica que acabó con la vida de 25 millones de personas en Europa y entre 40 y 60 millones en África y Asia. Un tercio de la población mundial fue diezmada en los años 1300 por la peste bubónica. Pero los tiempos difíciles a los que se refiere esta carta a Timoteo no vendrían por guerras, enfermedades o catástrofes naturales, sino por la corrupción moral de los hombres.

El carácter y la conducta de los hombres en los últimos tiempos

En su segunda carta a Timoteo, Pablo anticipa que a medida que avanza el tiempo y nos acercamos al retorno de Cristo, las cosas empeorarán porque la condición de los hombres empeorará, por eso escribe: "Pero los hombres malos e impostores irán de mal en peor, engañando y siendo engañados" (2 Ti 3:13). En otras palabras, Dios, a través del apóstol Pablo, nos advierte que a medida que pase el tiempo, el hombre se corromperá moralmente en una espiral descendente; y la razón de ese descenso no es más que un alejamiento de Dios. Por tanto, en la medida en que el hombre se aleje de Dios, habrá en él una imagen de Dios cada vez más distorsionada.

Hoy ese hombre está tan lejos de su Creador que su conciencia ha sido cauterizada y por eso cree que no existen valores absolutos

---

[47] *Ibid.*

de ningún tipo; que no hay nada que respetar, ya que nada es sagrado, tanto que si en el primer siglo había razones para pensar que en los últimos días vendrían tiempos difíciles, hoy hay muchas más razones para pensar que ya estamos viviendo tiempos muy duros y difíciles de sobrellevar.

Imaginemos lo que implica predicar a una audiencia que no cree en ninguna autoridad. Y si, además, ese hombre tiene la conciencia cauterizada, entonces, en esas circunstancias, el predicador se convierte en una voz que clama en el desierto. Pero ¿qué es lo que hace que estos tiempos sean difíciles? En 2 Timoteo 3, del versículo 2 en adelante, encontramos la respuesta. Aquí Pablo usa no menos de diecinueve adjetivos para caracterizar a los hombres que causan los tiempos difíciles. Esa lista de diecinueve características de iniquidad está encerrada entre dos portalibros metafóricamente hablando. El primer portalibros es la expresión "amadores de sí mismos" y el último es la frase "amadores de los placeres en vez de amadores de Dios".

En 2 Timoteo 3, se describe a estos hombres tan centrados en sí mismos que parecen haber corrompido la virtud del amor porque son caracterizados:

- amadores de sí mismos (v. 2);
- avaros (v. 2) o amantes de su dinero (NTV);
- sin amor (v. 3);
- amadores de los placeres (v. 4);
- no amadores de Dios (v. 4).

Se trata de cinco distorsiones de una virtud que es inherente al carácter de Dios: el amor. Estos hombres son amadores de los placeres en lugar de ser amadores de Dios. Así, el resto de las características de cómo serán los hombres de aquellos tiempos no es más que el resultado de hombres que se aman a sí mismos. En su gran obra, *La ciudad de Dios*, Agustín habla del amor y allí nos dice lo siguiente: "Dos amores han fundado dos ciudades: el amor a sí mismo hasta llegar a despreciar a Dios; esa es la ciudad terrenal. La ciudad celestial fue fundada por el amor a Dios hasta despreciarse a uno mismo. La primera se glorifica a sí misma (esa es la terrenal); la última glorifica al Señor (esa es la celestial)".[48]

El hombre que se ama a sí mismo no tiene amor por Dios y, mucho menos, por su prójimo. Y si no ama a Dios, tampoco tiene temor de Dios. El hombre que no teme a Dios no teme al pecado ni a sus consecuencias. Estos hombres amadores de sí mismos son de naturaleza corrupta, egocéntricos, con una mente hostil a Dios y Su verdad. ¿Y qué se puede esperar de los hombres que se aman a sí mismos? Cuando alguien se ama a sí mismo, se vuelve orgulloso o jactancioso, que es la palabra que la Nueva Biblia de Las Américas usa como una de las diecinueve características de los hombres en los últimos días. Cuando ese orgullo crece, el ser humano se vuelve soberbio, otro de los adjetivos que aparece en la lista de 2 Timoteo 3, y con el tiempo, ese soberbio termina siendo blasfemo. La Nueva Traducción Viviente traduce el término "blasfemo" como "se burlarán de Dios".

Los hombres en los últimos tiempos serán jactanciosos, soberbios y blasfemos. Pablo agrega que también serán desobedientes a sus padres, lo cual representa una violación del quinto mandamiento de la ley de Dios. Es obvio que la desobediencia a los padres que aquí se menciona no se refiere a hijos adultos ya independientes, sino a los hijos que todavía están bajo la autoridad de sus padres. Por tanto, entendemos que esta corrupción moral y rebeldía se manifestarán desde una edad temprana. Es como si la tendencia natural que tienen los hijos a desobedecer a sus padres solo se fuera a incrementar. Y las leyes que están promulgando algunos países, donde a los niños se les otorgan derechos que superan a los de los padres, son el escenario perfecto para que se produzca esta insubordinación de los hijos a los padres.

Los hombres serán ingratos. ¡Claro! Porque si ni siquiera sienten gratitud hacia quienes los trajeron al mundo —sus padres—, ¿qué consideración tendrán con el resto de las autoridades? Además, serán *irreverentes*; para este grupo de personas descrito en 2 Timoteo 3:1-5, nada será sagrado. Lo sagrado y lo profano serán lo mismo para ellos. No reconocerán diferencias entre una cosa y otra, como hemos empezado a ver en nuestros días.

---

[48] San Agustín, *La ciudad de Dios*, 14, 28.

Serán hombres *sin amor*. Evidentemente, esa generación se amará tanto a si mísma que no le quedaría amor para nadie más. La ESV en inglés traduce este término como *heartless* o "sin corazón". Es una forma de decir "sin sentimientos por nada ni por nadie". Esto casi describe a un psicópata. Por eso, la siguiente manera de describir a estos hombres es como implacables. Algunas traducciones al inglés usan el término "irreconciliables". Son personas que no perdonan; que no les interesa hacer las paces; que prefieren vivir en guerra con los demás. De ahí la palabra "implacables".

La siguiente descripción de los hombres en los últimos tiempos es que serán *calumniadores*. Esto también lo hemos comenzado a ver, porque así como Cristo y Pablo fueron calumniados, hoy muchos calumnian a los creyentes llamándonos intolerantes, cerrados de mente y retrógrados.

Por otro lado, estos hombres serán intimidantes, ya que Pablo señala que serán *desenfrenados* o sin dominio propio; con pasiones sin límites; cada uno exigiendo que se les permita hacer legalmente lo que su pasión desea. Además, *serán salvajes, aborrecedores de lo bueno*, es decir, lo bueno les generará aversión. Finalmente, en 2 Timoteo 3:5, Pablo concluye la descripción de estos hombres y los caracteriza como "traidores, impetuosos, envanecidos, amadores de los placeres en vez de amadores de Dios; teniendo apariencia de piedad, pero habiendo negado su poder".

La Palabra llama al hombre a amar a Dios por sobre todas las cosas; pero cuando los hombres son amadores de sí mismos, se han convertido en su propio dios. Se aman a sí mismos más que a cualquier otra cosa y, por ello, son amadores de los placeres en lugar de amadores del verdadero y único Dios. Dios afirma que en Su presencia hay plenitud de gozo y deleites a Su diestra. Pero el hombre que se ama a sí mismo dice: "En mi corazón hay plenitud de placeres y deleites cuando los vivo".

Ahora bien, la frase con la que el apóstol Pablo concluye el versículo 5, "a los tales evita", nos enseña que Pablo esperaba que personas de esa naturaleza se levantaran incluso en el tiempo de Timoteo, a quien le instruye a evitar a tales personas. Pero lo más increíble de estos hombres descritos en 2 Timoteo 3:1-5 es que tendrán apariencia de piedad; en otras palabras, sabrán presentar sus antivalores de una forma piadosa.

Si tales serán los tiempos futuros, ¿qué debemos hacer para sobrevivir al eclipse de Dios? ¿Cuál es la indicación de Pablo a Timoteo? Dada esta realidad, Pablo tiene varias indicaciones a lo largo de su segunda carta a Timoteo. Recordemos que Timoteo no recibiría más indicaciones después de esta segunda carta. Esta fue la última carta enviada a su joven discípulo, y en ella Pablo dejó indicaciones especiales para saber manejarnos en medio de este antagonismo de la fe cristiana en el que nos encontramos hoy.

¿Qué hacer para sobrevivir al eclipse de Dios?

"El siervo del Señor no debe ser rencilloso, sino amable para con todos, apto para enseñar, sufrido. Debe reprender tiernamente a los que se oponen, por si acaso Dios les da el arrepentimiento que conduce al pleno conocimiento de la verdad, y volviendo en sí, escapen del lazo del diablo, habiendo estado cautivos de él para hacer su voluntad". (2 Ti 2:24-26)

Aquí hay tres lecciones o enseñanzas que podemos extraer de las palabras de Pablo a Timoteo sobre cómo debemos actuar en estos tiempos difíciles.

1. **No ser rencillosos, sino más bien amables.** Cuando Pablo habla de no ser rencilloso o contencioso, no está prohibiendo la defensa de la verdad, pues él mismo defendió con mucha fuerza y energía en más de una ocasión. La idea detrás de esta recomendación es que el siervo del Señor, al defender la verdad, no lo haga de manera airada, ofensiva o hiriente, como lo hacen los que no conocen a Cristo. En cambio, Pablo nos exhorta a ser amables con todos y aptos para enseñar. El siervo del Señor debe ser amable, no solo con un grupo en particular, sino con todos, independientemente de sus creencias y sus pecados. La palabra traducida en esta porción bíblica como "amable" es *épios* en el idioma original, y Pablo la usa en 1 Tesalonicenses 2:7 para referirse al cuidado que una nodriza o enfermera tiene al cuidar a los niños. Así de amable debe ser el siervo del Señor.

2. El siervo del Señor debe ser sufrido. Esto significa soportar la maldad, sin resentimiento, hasta el punto de tolerar la crueldad del otro de manera paciente. En otras palabras, debemos cuidarnos de no responder mal por mal. Más bien, nuestro llamado es el siguiente:

"Pero a ustedes los que oyen, les digo: amen a sus enemigos; hagan bien a los que los aborrecen; bendigan a los que los maldicen; oren por los que los insultan. Al que te hiera en la mejilla, preséntale también la otra; y al que te quite la capa, no le niegues tampoco la túnica. A todo el que te pida, dale, y al que te quite lo que es tuyo, no se lo reclames. Y así como quieran que los hombres les hagan a ustedes, hagan con ellos de la misma manera". (Lc 6:27-31)

3. El siervo del Señor debe ser apto para enseñar. Esto es poder corregir, pero tiernamente a aquellos que se oponen a la verdad. La palabra traducida como "tiernamente" es *praótes* en griego, que implica "humildad, cortesía, consideración y mansedumbre".[49] En otras palabras, el siervo del Señor realza la enseñanza cristiana con su carácter cristiano.

Recordar estas enseñanzas en medio de la lucha que estamos librando es crucial, porque nuestro rol es defender la verdad de una manera que represente bien a Dios. Tal vez Dios quiera hacer fluir Su poder a través de vasos que lo honren mostrando el carácter de Cristo. Ahora, note cuál es la razón para corregir tierna y pacientemente a los que se oponen a la verdad: "por si acaso Dios les da el arrepentimiento que conduce al pleno conocimiento de la verdad" (2 Ti 2:25). Es decir, quizás Dios quiera usar nuestra conducta mansa para que otros deseen escuchar el evangelio y algunos lleguen al arrepentimiento. De manera que la idea de comportarnos tiernamente tiene como objetivo explorar si Dios extiende su misericordia hacia ellos, como lo hizo con nosotros, llevándolos al arrepentimiento tal como lo hizo con nosotros. Ese arrepentimiento los conduciría entonces al pleno conocimiento de la verdad. Dicho de otra forma, nuestros oponentes se comportan así porque

---

[49] John R. W. Stott, *The Message of 2 Timothy* (IVP Academic, edición revisada, 2021).

ellos mismos han creído una mentira; son prisioneros del error y del engaño en que cayeron Adán y Eva.

Las palabras de Pablo en 2 Timoteo 2:26 son muy interesantes porque allí dice: "… y volviendo en sí, escapen del lazo del diablo, habiendo estado cautivos de él para hacer su voluntad". Note la expresión "volviendo en sí". La misma tiene la connotación de volver a la sobriedad después de haber estado embriagado,[50] y resulta que el culpable de ese estado de "embriaguez espiritual" es Satanás. Es como si los opositores de la verdad estuvieran en una especie de estupor o intoxicación por alguna sustancia y de ahí la necesidad que tienen de escapar de una condición que Satanás ha usado para cegar su entendimiento y por la cual obedecen a la voluntad del maligno y no la voluntad de su Creador. Y la forma en que Pablo propone que las personas puedan escapar de la condición en la que se encuentran es que corrijamos tiernamente a aquellos que se oponen como dice 2 Timoteo 2:25.

Vemos algo similar en la vida de Jesús, en la vida de Pablo y en la vida de cada mártir de la iglesia. Tenemos que ser sabios acerca de cómo vamos a luchar por la verdad. Ser rencillosos no nos ayudará a avanzar la causa de Cristo. Condenar a los demás tampoco nos lleva a ningún lado. Y nunca podremos contar con el respaldo de Dios si corregimos airadamente a los que se oponen a la verdad. La homofobia, por ejemplo, no tiene lugar entre los cristianos. El rechazo de los incrédulos no es parte del llamado de Cristo. El sarcasmo contra ellos no debe existir en los labios de las personas que siguen a Cristo. Recuerde que el homosexual, el bisexual y el transexual necesitan lo mismo que el heterosexual, el promiscuo, el adúltero y cada uno de nosotros. Todos necesitamos por igual la gracia de Dios para ser perdonados de nuestros pecados que nos llevan a la condenación eterna.

Además de todo lo anterior, *necesitamos tener las expectativas correctas*. En 2 Timoteo 3:12, Pablo hace una importante declaración: "Y en verdad, todos los que quieren vivir piadosamente en Cristo Jesús, serán perseguidos". En otras palabras, si los que somos pastores de la iglesia de Cristo queremos ser fieles y que nuestras ovejas sean fieles al

---

[50] Robert W. Yarbrough, *The Letters to Timothy and Titus*, PNTC (Grand Rapids: W.B. Eerdmans Publishing Company, 2018), p. 400.

Señor, tenemos que preparar a la iglesia para el sufrimiento porque la corrupción moral del ser humano irá de mal en peor. He aquí un claro "anuncio" de que todos los que quieran vivir piadosamente serán perseguidos. Preparemos nuestras iglesias para sufrir bien. La cruz de Cristo es nuestra motivación y nuestra inspiración. El apóstol Pablo sufrió hasta la muerte y siempre estuvo dispuesto a hacerlo por amor a Cristo. Preste atención a sus palabras en su primera carta a los corintios:

> "Hasta el momento presente pasamos hambre y sed, andamos mal vestidos, somos maltratados y no tenemos dónde vivir. Nos agotamos trabajando con nuestras propias manos. Cuando nos ultrajan, bendecimos. Cuando somos perseguidos, lo soportamos. Cuando hablan mal de nosotros, tratamos de reconciliar. Hemos llegado a ser, hasta ahora, *la basura del mundo, el desecho de todo*". (1 Co 4:11-13, énfasis añadido)

Si quiere vivir piadosamente, esto es lo que debe esperar según Pablo: sufrimiento. Hemos sido llamados a dar testimonio de la verdad de una forma singular; de una manera que solo se puede hacer a través del poder del Espíritu de Dios. La razón principal por la que tenemos dificultad para lidiar con el dolor y el sufrimiento es porque no conocemos el carácter de Dios para confiarle incluso nuestra propia vida hasta la muerte.

Nos hace falta:

- **Confianza en la providencia de Dios**, que tiene que ver con la forma en que Él ordena los acontecimientos de la historia para llevar a cabo Sus propósitos. "Dios no es solo el arquitecto de la historia, sino también el ejecutor (Is 46:11)".[51]
- **Confianza en Su soberanía**, que tiene que ver con el derecho y el poder que Dios tiene para hacer todo lo que le plazca. Su soberanía nos hace bien. Es Su soberanía la que permite que todas las cosas cooperen para el bien de aquellos que han sido llamados conforme a Su propósito (Ro 8:28).

---

[51] Scott Chritensen, *What About Evil?* (Phillipsburg: P & R Publishing, 2020), p. 163.

- **Confianza en Su misericordia** para entender que no importa el desierto de dolor que tengamos que atravesar, porque si se supiera toda la verdad, mereceríamos algo mucho peor.
- **Confianza en Su fidelidad** para creer que todas las promesas que Dios nos ha hecho son y serán ciertas. Como dijo Alistair Begg: "Se progresa más espiritualmente a través de los fracasos y las lágrimas que a través del éxito y la risa".[52]
- **Confianza en Su gracia** que será suficiente para ser sostenidos en medio de la adversidad.

En conclusión, nos hace falta conocer a Dios más íntimamente. Cada atributo de Dios, entendido en su contexto correcto, transforma la vida del creyente. Y así es como lo hace:

- Su eternidad nos silencia y nos deja ver cuán efímera es la vida de este lado.
- Su santidad nos muestra nuestra necesidad de ser limpiados.
- Su soberanía nos aquieta y descubrimos que nuestra preocupación no tiene sentido.
- Su sabiduría nos asombra y podemos ver que no hay lugar para nuestro orgullo.
- Su poder nos empequeñece y podemos creer que nada es imposible para Él.
- Su amor nos da seguridad y perdemos nuestros temores paulatinamente.
- Su fidelidad nos da paz al confiar en Sus promesas.
- Su gracia continúa su proceso de redención hasta llegar a la gloria.
- Su paciencia nos enseña a ser pacientes con los demás.
- Su celo nos cuida y nos sentimos protegidos.

En otras palabras, conocer Su carácter transforma la vida de una persona y la prepara para las peores situaciones de la vida.

---

[52] Alistar Begg, *Made for His Pleasure: Ten Benchmarks of a Vital Faith* (Chicago: Moody Publishers, 1996), p. 102.

La forma de sobrevivir al eclipse de Dios es conociendo Su carácter para descansar en Su fidelidad.

Hay una anécdota que tal vez no sea cierta, pero nos ilustra una faceta de la realidad cristiana. En ella se habla de una ocasión en que un grupo de personas se encontraban reunidas por alguna razón que ahora no nos viene a la mente. En medio de la celebración, alguien sugirió, como una forma de pasar el tiempo, que cada uno de los presentes pudiera hacer algo especial, ya sea cantar, recitar un poema o cualquier otra cosa que quisieran hacer. En el grupo había un declamador profesional que decidió recitar el Salmo 23. Al final, todos quedaron impresionados con su habilidad. También había en el grupo una persona de avanzada edad, quien manifestó que no realizaría ninguna actividad porque lo único que recordaba era el Salmo 23, y ya alguien lo había recitado. Sin embargo, el grupo insistió en que lo hiciera en virtud de su edad. Finalmente, el anciano accedió y, al igual que el profesional, recitó el Salmo 23. Al terminar, había lágrimas en las mejillas de todos los presentes. De repente, el declamador profesional se acercó al anciano y le dijo: "Señor, yo sé el Salmo 23, pero usted conoce al Pastor". Eso es lo que necesitan muchos de los llamados cristianos: conocer al Pastor. Solo cuando conocemos al Buen Pastor podemos escuchar Su voz, responder a Su llamado y volvernos a Él.

Coalición por el Evangelio es un grupo de pastores, iglesias, y líderes comprometidos con la centralidad del evangelio para toda la vida y el ministerio. Logramos este propósito mediante diversas iniciativas, incluyendo nuestra página web, eventos, y publicaciones. Además, hemos unido esfuerzos con diferentes casas editoriales para producir recursos que enfocan nuestra fe en Jesucristo, y moldean nuestras prácticas conforme a las Escrituras.

Cuando un libro lleva el logotipo de Coalición por el Evangelio, usted puede confiar que fue escrito, editado, y publicado con el firme propósito de exaltar la verdad de Dios y el mensaje del evangelio.

TGC COALICIÓN POR EL **EVANGELIO**

www.coalicionporelevangelio.org

¿HAS LEÍDO ALGO BRILLANTE Y QUIERES CONTÁRSELO AL MUNDO?

Ayuda a otros lectores a encontrar este libro:

- Publica una reseña en nuestra página de Facebook @VidaEditorial

- Publica una foto en tu cuenta de redes sociales y comparte por qué te agradó.

- Manda un mensaje a un amigo a quien también le gustaría, o mejor, regálale una copia.

¡Déjanos una reseña si te gustó el libro! ¡Es una buena manera de ayudar a los autores y de mostrar tu aprecio!

Visítanos en
EditorialVida.com
y síguenos en
nuestras redes sociales.